MODÈLES DE LETTRES

pour toutes occasions

Données de catalogage avant publication (Canada)

Lévesque, Denis, 1947-
    Modèles de lettres, pour toutes occasions

    (Collection Guides pratiques)

    ISBN 2-89089712-5

    1. Correspondance. 2. Modèles de lettres. I. Titre. II. Collection: Collection Guides pratiques (Montréal, Québec)

PC2483.L38 1993   808.6   C93-096363-6

LES ÉDITIONS QUEBECOR
une division de Groupe Quebecor inc.
7, chemin Bates
Bureau 100
Outremont (Québec)
H2V 1A6

Distribution : Québec Livres

© 1993, Les Éditions Quebecor, Denis Lévesque

Dépôt légal, 1er trimestre 1993
Bibliothèque nationale du Québec
Bibliothèque nationale du Canada
ISBN : 2-89089-712-5

Éditeur : Jacques Simard
Coordonnatrice à la production : Sylvie Archambault
Conception de la page couverture : Bernard Langlois
Correction d'épreuves : Jocelyne Cormier
Composition et montage : TDT Laser+

Impression : Imprimerie L'Éclaireur

Tous droits réservés. Aucune partie de ce livre ne peut être reproduite ou transmise sous aucune forme ou par quelque moyen électronique ou mécanique que ce soit, par photocopie, enregistrement ou par quelque forme d'entreposage d'information ou système de recouvrement, sans la permission écrite de l'éditeur.

MODÈLES DE LETTRES

pour toutes occasions

DENIS LÉVESQUE

AVANT-PROPOS

Au siècle dernier et même au début de celui-ci, les gens n'hésitaient pas, comme le dit l'expression aujourd'hui vieillotte, «à prendre la plume» pour communiquer avec un parent ou un ami éloigné. Question de transmettre des nouvelles de la famille, d'exprimer le regret de ne se voir plus souvent ou de lancer une invitation. Quel malheur que nous ayons perdu, dans notre monde préoccupé de vitesse et d'efficacité à tout prix, le plaisir de la correspondance!

On écrivait à son amour au cours d'un voyage, à son enfant vivant dans une autre ville, à des amis de qui la vie nous avait séparés, à des parents qui vivaient une douleur, mais aussi à son député pour se plaindre du mauvais état des routes ou à une vedette à qui on voulait exprimer notre admiration.

Aujourd'hui, on se contente de prendre le téléphone et, à toute heure du jour, on peut être en contact avec cette personne. Dans bien des cas, la communication sera satisfaisante et efficace mais, en d'autres occasions, on pourrait en dire tellement plus sur ce que nous ressentons vraiment en écrivant un petit mot et en le faisant parvenir par la poste.

Ce livre n'a qu'un seul objectif : vous faire redécouvrir le plaisir de la correspondance. Et vous donner les moyens pour que ce plaisir ne soit pas quelque chose de fastidieux. Car, il faut bien l'admettre, c'est souvent ce qui nous fait hésiter à écrire. Comment s'adresser à un député? Quoi dire au professeur de notre enfant pour lui demander de nous rencontrer? Comment rédiger une lettre de demande d'emploi? Bien sûr, les 145 modèles de lettres que vous retrouverez dans ce livre ne vous donneront pas toutes les indications mais elles vous serviront de guide pour vous faciliter la tâche. Dans bien des cas, vous n'aurez, tout au plus, qu'à changer quelques mots, ajouter quelques idées et, s'il convient, exprimer quelques sentiments personnels.

Rappelez-vous la maxime : «Ce qui se conçoit bien s'énonce clairement et les mots pour le dire viennent aisément.» En suivant le cadre que nous vous proposons, écrire une lettre ne devrait pas être un exercice plus difficile que de faire un appel téléphonique et vous y retrouverez une satisfaction que vous ne soupçonnez pas.

TABLE DES MATIÈRES

Introduction	7
Chapitre 1 — L'encadrement	11
Chapitre 2 — Le texte	21

Modèles de lettres :

Emploi	25
Amour et amitié	53
Les enfants	67
À l'administration	83
À des amis ou des voisins	95
Affaires personnelles	127
Argent	151
Sujets divers	161

CHAPITRE 1

L'ENCADREMENT

Vous vous en doutez bien : on n'écrit pas au directeur d'une entreprise pour se plaindre ou pour présenter une demande d'emploi comme on écrit à un ami très cher pour lui dire que l'on s'ennuie de lui. C'est une question de style, bien sûr, et nous y reviendrons dans le chapitre qui suit. Mais c'est aussi une question de forme et c'est là-dessus que nous devons insister tout d'abord.

Le choix du papier

Avant même de lire ce que vous aurez écrit, votre correspondant aura un premier contact avec vous en prenant dans ses mains la feuille de papier que vous aurez utilisée. La politesse la plus élémentaire exige que celle-ci soit exempte de toute souillure. N'hésitez pas à mettre de côté la première feuille d'un paquet si elle est froissée ou tachée. Évitez de prendre une feuille dont l'endos aurait servi à écrire autre chose. Évitez aussi les formats qui ne sont pas standard.

Pour la très grande majorité des actes de correspondance, on devrait utiliser du papier blanc non ligné, de format 8 1/2 x 11 pouces, sans en-tête (à moins de représenter une entreprise).

Si vous avez peur de ne pas écrire droit sur une feuille non lignée, il vous suffit de glisser sous celle-ci une feuille lignée qui vous servira de guide. C'est un élément important pour obtenir une lettre qui aura une belle présentation.

Le format est aussi très important pour plusieurs raisons. Tout d'abord, pliée en trois, une feuille 8 1/2 x 11 se glisse parfaitement dans une enveloppe standard. Votre correspondant aura donc devant lui une lettre qui ne comprendra qu'un minimum de plis. C'est le format idéal pour les photocopies que vous ou votre correspondant auriez à faire pour une distribution éventuelle. C'est enfin le format le plus pratique pour que votre lettre soit conservée dans un dossier.

Cela dit, vous avez quand même une certaine latitude s'il s'agit d'une lettre personnelle. Vous pouvez utiliser une feuille de couleur et même la découper dans une forme spéciale si le destinataire est un être cher que vous voulez surprendre. Pourquoi pas un coeur pour la personne aimée ou une fusée pour un jeune enfant? Vous pouvez même, dans ce cas, ajouter quelques dessins dans les marges pour personnaliser votre envoi. Seule votre imagination vous dictera les limites à ne pas franchir!

À la main ou à la machine à écrire?

On se pose souvent cette question et elle mérite un court commentaire. Disons tout d'abord que le fait de ne pas avoir de machine à écrire ou d'ordinateur ne devrait pas constituer, en soi, un empêchement à une correspondance. Pour toute lettre à caractère officiel, la machine à écrire ou l'ordinateur vous donneront une présentation beaucoup plus finie et facilitera la tâche à votre lecteur. Vous serez assuré qu'il n'y aura pas de mauvaise interprétation due à votre écriture.

Par contre, dans des rapports personnels, amoureux ou amicaux, l'écriture à la main est de mise. C'est faire preuve de confiance vis-à-vis de votre correspondant que d'afficher ainsi ouvertement votre façon d'écrire et de vous dévoiler un peu vous-même par ce geste. Soyez néanmoins appliqué, particulièrement si votre lettre s'adresse à quelqu'un qui n'est pas habitué à vous lire. Ne lui rendez pas l'exercice fastidieux.

Si vous écrivez à la main, utilisez toujours un stylo à bille bleu ou noir. Évitez le rouge, le vert et surtout les crayons feutre qui donnent souvent des résultats désastreux.

Vous pouvez aussi vous permettre d'utiliser une plume mais uniquement si celle-ci est d'excellente qualité et que vous y êtes habitué. Une lettre écrite à l'encre possède un caractère unique qui plaira sûrement à votre correspondant.

La disposition

Avant d'attaquer le texte même de votre lettre, trois éléments doivent figurer en en-tête.

Tout d'abord, à gauche, le lieu, le jour et la date de votre envoi. Ainsi, vous écrirez :

Montréal, le mardi 8 juin 1993

Signalons, sur ce point, une faute très courante. Si vous écrivez le jour et la date, l'article défini **(le)** doit accompagner le jour et non la date. Évitez donc d'écrire «mardi le 8 juin». Par contre, si vous n'indiquez que la date, vous devez utiliser l'article et écrire «le 8 juin».

Vous passez ensuite au nom, au titre et à l'adresse de votre destinataire, toujours à gauche. Cette inscription peut prendre plusieurs lignes et il est de mise de le faire dans le cas de correspondance officielle. Ainsi, vous écrirez :

M. Serge Bolduc
Directeur des Ressources humaines
Compagnie d'assurances Moderne
1100, boulevard Lemire
Montréal
H1X 3T7

Assurez-vous d'avoir le bon titre de la personne. Il n'y a rien de plus frustrant pour un correspondant que de se faire considérer comme un «responsable» ou un «préposé» s'il s'agit d'un «directeur» ou d'un «vice-président». Il faut ménager les susceptibilités de chacun. Un simple appel téléphonique vous renseignera souvent sur le titre exact. Si vous ne pouvez l'obtenir, mieux vaut ne pas l'indiquer que de commettre un impair.

Si vous vous adressez à une femme, vous pouvez vous permettre de féminiser son titre à moins d'être sûr qu'elle-même ne le féminise pas. Aujourd'hui, dans les entreprises, on a des directrices et des vice-présidentes, mais ailleurs, pour d'obscures raisons, on a des femmes qui portent quand même le titre de directeur ou de vice-président.

Le troisième élément de la disposition concerne la présentation directe. Ainsi, vous écrirez :

Monsieur, ou **Madame,**

Une remarque : évitez le «mademoiselle», qui est de moins en moins employé de nos jours.

À éviter aussi, la familiarité avec des expressions comme «Mon cher Serge» ou «Cher Serge», à moins qu'il ne s'agisse de quelqu'un que vous connaissez personnellement.

À éviter absolument, l'expression «à qui de droit». Si vous ne savez pas qui recevra et lira votre lettre, utilisez plutôt la formule suivante : **Madame, Monsieur.**

Le texte

Pour faire une belle présentation, votre texte doit être bien équilibré. Vous pouvez laisser, par exemple, 4 cm de marge à gauche et à droite de votre feuille de même qu'en haut et en bas. En plus de faire une page plus propre et plus facile à lire, cette disposition permettra à votre correspondant d'en faire des photocopies s'il y a lieu sans perdre une partie du texte.

On peut commencer un paragraphe en laissant un petit espace par rapport à la marge de gauche, mais c'est une pratique qui a tendance à disparaître dans la correspondance moderne.

N'hésitez pas à multiplier le nombre de paragraphes. Si vous voulez que votre message passe bien, limitez-vous à une idée importante par paragraphe et à son développement.

À la fin du texte, vous devez laisser un espace raisonnable pour votre signature, puis vous inscrivez votre nom accompagné, si nécessaire, de votre adresse et/ou de votre numéro de téléphone si vous vous attendez à recevoir une réponse de votre correspondant.

Certaines notes particulières peuvent être ajoutées à la fin. Par exemple : **c.c.** : pour copie(s) conforme(s), si vous adressez une copie de cette lettre à une ou plusieurs autres personnes (vous mentionnez alors le nom du ou des destinataires); **p.j.** : pour pièce(s) jointe(s), si vous ajoutez d'autres documents à votre lettre et vous indiquez alors de quelles pièces il s'agit.

Dans une lettre à caractère personnel, on peut aussi utiliser un **P.S.** : pour ajouter une idée qui n'est pas en relation avec le texte même de la lettre. Cette pratique n'est pas de mise dans une lettre adressée à un inconnu. Toutes vos idées devraient alors être incorporées au texte.

Modèle de lettre officielle

Montréal, le mardi 8 juin 1993

M. Serge Bolduc
Directeur des Ressources humaines
Compagnie d'assurances Moderne
1100, boulevard Lemire
Montréal
H1X 3Y7

Monsieur le directeur,

L'offre d'emploi de préposé à la comptabilité que vous avez publiée dans le journal *Le Matin* du 5 juin 1993 m'intéresse vivement.

Vous trouverez, ci-joint, copie de mon curriculum vitae qui fait état de ma formation et de mon expérience dans ce domaine et j'espère que celles-ci sauront correspondre à vos exigences.

Je suis tout disposé à vous rencontrer quand il vous conviendra pour discuter de vos attentes face à ce poste.

Vous remerciant de l'attention que vous voudrez bien porter à ma candidature, je vous prie d'agréer, Monsieur le directeur, mes salutations distinguées.

(signature)
Daniel Beaulac
7880, rue Lesage
Montréal
H1A 1A1

Tél.: 333-3333

p.j. : curriculum vitae

Modèle de lettre personnelle

Montréal, le mardi 8 juin 1993

Ma chère Christine,

Au cours des derniers jours, j'ai essayé de communiquer avec toi par téléphone sans jamais y parvenir. Je ne sais si le numéro que tu m'avais donné il y a de cela plusieurs mois a été changé depuis ou si tes occupations te retiennent souvent à l'extérieur, mais toutes mes tentatives se sont avérées vaines jusqu'à présent.

J'aimerais bien avoir des nouvelles de toi, chère amie, et être mis au courant de toutes les belles et bonnes choses qui se passent dans ta vie.

Tu me ferais grand plaisir de communiquer avec moi, le soir de préférence, au cours des prochains jours. Nous pourrions échanger quelques mots et peut-être, si l'idée te plaît, nous fixer rendez-vous pour prolonger nos bavardages.

Un ami qui s'ennuie de toi,

Daniel

P.S.: As-tu perdu mon numéro de téléphone? Le voici : 333-3333. À bientôt, j'espère.

L'enveloppe

La lettre terminée, il ne vous reste plus qu'à préparer l'enveloppe dans laquelle vous la ferez parvenir.

Bien que ce ne soit pas essentiel, il est préférable d'indiquer, dans le coin supérieur gauche, votre nom et, tout au moins, votre adresse. Cette pratique vise surtout à ce que votre envoi vous soit retourné si, par malheur, l'adresse de votre correspondant n'était pas la bonne.

Au centre de l'enveloppe, vous indiquez le nom et l'adresse complète du destinataire. Si vous écrivez à une personne travaillant dans une entreprise ou un service gouvernemental, vous devez mentionner son nom et son titre (facultatif) afin que votre lettre lui soit remise directement.

Il est important d'indiquer le code postal **seul** sur la dernière ligne afin que votre envoi soit traité avec célérité par Postes Canada.

Dans le coin inférieur gauche, on peut, à l'occasion, indiquer qu'il s'agit d'un envoi **confidentiel** ou **personnel** ou qu'il s'adresse à un service particulier, **Ressources humaines** par exemple, si vous ne l'avez pas indiqué dans l'adresse.

Le format de l'enveloppe a peu d'importance. Toutefois, le format classique de 4 pouces sur 9 1/2 pouces permet de ne plier votre feuille qu'en trois parties. Si vous avez des documents officiels à envoyer, un curriculum vitae de plusieurs pages par exemple, il serait préférable d'employer une enveloppe grand format pour qu'ils parviennent dans un meilleur état. Les frais de poste seront plus élevés, mais vous ferez ainsi preuve d'une attention particulière envers votre correspondant.

D. Beaulac,
7880, rue Lesage,　　　　　　　affranchissement
Montréal
H1A 1A1

　　　　　　Serge Bolduc
　　　　　　Compagnie d'assurances Moderne
　　　　　　1100, boulevard Lemire
　　　　　　Montréal
　　　　　　H1X 3Y7

Ressources humaines

CHAPITRE 2
LE TEXTE

La plupart du temps, une lettre a pour but de faire passer une idée principale et quelques idées secondaires. Du moins devrait-il en être ainsi. Il s'agit donc d'être clair et convaincant, et la meilleure façon d'y parvenir est d'adopter un style efficace qui ne laisse pas de place à de mauvaises interprétations.

Faites des phrases courtes. Remplacez les propositions subordonnées par des phrases complètes qui permettront de bien mettre en valeur chacune de vos idées. Voici un exemple de ce que l'on devrait éviter.

> *Voilà une semaine que j'essaie de vous joindre par téléphone mais le numéro que j'avais pris en note lors de notre dernière rencontre ne semble pas être le bon ce qui fait que toutes mes tentatives se sont avérées vaines et j'en suis profondément déçu.*

Grammaticalement, la phrase est correcte, mais elle serait beaucoup plus claire si on la divisait en plusieurs parties de la façon suivante.

> *Voilà une semaine que j'essaie de vous joindre par téléphone. J'avais pourtant pris soin de noter votre numéro lors de notre dernière rencontre. Aurais-je fait erreur? De fait, toutes mes tentatives se sont avérées vaines. Et vous m'en voyez profondément déçu.*

Dans ce cas, les subordonnées sont devenues des phrases complètes comportant chacune une idée distincte.

C'est un exemple simple qui illustre pourtant la tendance que nous avons tous de vouloir trop en dire en même temps.

Autre conseil : tenez-vous-en à l'essentiel. En particulier si vous vous adressez à une personne en autorité. Souvent, elle ne sera pas intéressée par tous les petits détails de votre vie et vous risqueriez de diluer votre message dans une masse de propos inutiles.

Les hauts-fonctionnaires et les cadres d'entreprises n'ont pas toujours le temps de lire le volumineux courrier qui leur est adressé chaque jour. Si vous voulez qu'ils portent attention à votre lettre, faites en sorte qu'ils sachent rapidement le but de celle-ci. Ils seront mieux en mesure de répondre à votre attente ou d'acheminer votre demande au bon service si vous avez su être clair dans vos propos.

Pour attirer l'attention de votre correspondant, il y a une autre règle que vous devriez adopter : favorisez l'usage de la deuxième personne (tu ou vous de politesse). En lisant votre lettre, celui-ci aura le sentiment qu'il est important pour vous et que vous n'occupez pas toute la place.

Cela peut se faire par des tournures de phrases assez simples. Par exemple, plutôt que d'écrire «je vous fais parvenir...», il suffirait d'écrire «vous trouverez, ci-joint,...». Cela vous paraîtra banal mais si vous avez l'occasion d'utiliser la correspondance comme moyen de communication, vous verrez que les occasions sont nombreuses d'adopter cette attitude et que vos lettres prendront un tout autre style. Cela ne signifie pas que vous deviez bannir l'utilisation du «je», mais il est préférable d'éviter son envahissement.

Est-il nécessaire de dire qu'il est important de proscrire tout ce qui pourrait passer pour une forme de menace? On a souvent tendance à penser qu'on obtiendra de meilleurs résultats si notre correspondant est acculé au pied du mur, par exemple en laissant entendre que l'on aura recours à un organisme de défense des droits, que l'on s'adressera à son supérieur ou que l'on portera plainte contre lui. S'il est des cas extrêmes où ces «menaces» pourraient porter fruit, la plupart du temps, elles ne serviront qu'à mettre une barrière infranchissable entre vous et votre correspondant. Il vous prendra en grippe et choisira peut-être de vous faire patienter longtemps.

Dernière remarque, mais qui est d'une importance capitale : n'hésitez pas à vous faire corriger avant de mettre votre lettre à la poste. Il n'est pas donné à tout le monde d'écrire sans fautes mais si vous connaissez ce problème, il y a sûrement quelqu'un, autour de vous, qui pourrait vous aider.

Bien sûr, si vous écrivez un mot doux à la personne aimée, celle-ci saura bien vous pardonner cette faiblesse. Mais si vous envoyez une lettre et un curriculum vitae pour une demande d'emploi et que votre texte est farci de fautes, la personne qui recevra votre envoi risque de porter un jugement sur vous qui pourrait vous être fatal.

EMPLOI

1- En réponse à une offre d'emploi

Monsieur le directeur,

L'offre d'emploi de préposé à la comptabilité que vous avez publiée dans le journal *Le Matin* du 5 juin 1993 m'intéresse vivement.

Vous trouverez, ci-joint, copie de mon curriculum vitae qui fait état de ma formation et de mon expérience dans ce domaine et j'espère que celles-ci sauront correspondre à vos exigences.

Je suis tout disposé à vous rencontrer quand il vous conviendra pour discuter de vos attentes face à ce poste.

Vous remerciant de l'attention que vous voudrez bien porter à ma candidature, je vous prie d'agréer, Monsieur le directeur, mes sentiments distingués.

Daniel Beaulac

2- En réponse à une offre d'emploi

Monsieur le directeur,

L'offre d'emploi de préposé à la comptabilité que vous avez publiée dans le journal *Le Matin* du 5 juin 1993 m'intéresse vivement.

En consultant mon curriculum vitae que je joins à cette lettre, vous constaterez que j'ai occupé un poste semblable aux Entreprises Lemoyne au cours des cinq dernières années. Il y a deux mois, des compressions budgétaires obligèrent mon employeur à mettre à pied plusieurs personnes et je fus, malheureusement, du nombre. Pour souligner l'excellence de mon travail, mon directeur de service m'a remis une lettre de recommandation que vous trouverez également ci-joint.

Je détiens un Diplôme d'études collégiales (administration) et je terminerai bientôt un Certificat en comptabilité à l'Éducation des adultes de l'Université de Montréal.

Je suis tout disposé à vous rencontrer quand il vous conviendra pour discuter de vos attentes face à ce poste.

Je vous remercie de l'attention que vous voudrez bien porter à ma candidature et vous prie d'agréer, Monsieur le directeur, l'assurance de mes meilleurs sentiments.

Daniel Beaulac

p.j : curriculum vitae
      lettre de recommandation

3- Offre de service

Monsieur le directeur,

J'ai appris par une amie qui travaille dans votre entreprise que vous étiez à la recherche d'une secrétaire pour le service des relations publiques et j'aimerais, par la présente, poser ma candidature à ce poste.

J'ai terminé mes études il y a deux mois à peine dans une école de secrétariat et je suis en quête d'un premier travail dans ma spécialité. Vous trouverez, ci-joint, une copie de mon diplôme et des relevés de notes de mes trois dernières années.

Même si je n'ai pas d'expérience du milieu du travail, je vous prie de croire que je suis prête à mettre tous les efforts qu'il faut pour apprendre et pour donner pleine satisfaction à mon futur employeur.

Dans l'attente de votre réponse, je vous prie d'agréer, Monsieur le directeur, mes salutations distinguées.

Sylvie Tremblay

p.j. :   diplôme
        relevés de notes

4- Demande d'emploi à une connaissance

Monsieur Jasmin,

Comme mon père vous l'a expliqué, je suis acutellement sans emploi à la suite d'une mise à pied, conséquence des compressions budgétaires effectuées par les Entreprises Lemoyne. Au cours des trois dernières années, j'ai acquis une expérience générale dans le domaine de la comptabilité, ayant occupé des postes de commis et de préposé aux comptes à recevoir et à la paie.

Je vous serais reconnaissant de bien vouloir remettre mon curriculum vitae que je joins à cette lettre au directeur des Ressources humaines et, si possible, de me tenir au courant des postes qui pourraient éventuellement être disponibles chez Armex Communications.

Je vous remercie de l'attention que vous voudrez bien accorder à ma demande et vous prie d'agréer, Monsieur Jasmin, mes salutations distinguées.

Daniel Beaulac

p.j. :   curriculum vitae

5- En réponse à une demande d'emploi

Monsieur,

J'ai bien reçu votre lettre du 12 juin dernier à laquelle vous avez joint votre curriculum vitae.

Je me suis permis de la transmettre à monsieur Serge Duval, vice-président Ressources humaines, pour toute démarche qu'il jugera pertinente d'entreprendre.

Je vous prie d'agréer, Monsieur, l'expression de mes salutations distinguées.

Le directeur des Finances,

Pierre Turgeon

6- En réponse à une demande d'emploi

Madame,

Nous avons bien reçu votre demande d'emploi du 12 juin dernier et nous analyserons avec attention votre curriculum vitae au moment de choisir les candidats potentiels pour le poste de secrétaire.

Si votre candidature est retenue, nous vous en aviserons par écrit et vous serez convoquée à une entrevue à nos bureaux.

Si, toutefois, votre formation et votre expérience ne vous rendaient pas admissible à ce poste, nous conserverons néanmoins vos coordonnées dans notre banque de candidatures au cours des six prochains mois pour tout autre poste qui pourrait vous convenir. Au-delà de cette limite, vous devrez nous faire parvenir une nouvelle offre d'emploi pour conserver vos chances d'être sélectionnée.

Merci de l'intérêt que vous avez manifesté pour notre entreprise et nous vous souhaitons la meilleure des chances dans votre recherche d'emploi.

Le directeur des Ressources humaines,

Maurice Jeannotte

7- Refus à la suite d'une demande d'emploi

Madame,

Nous avons analysé le curriculum vitæ que vous nous avez fait parvenir le 12 juin dernier et j'ai le regret de vous dire que nous n'avons pas retenu votre candidature pour le poste de secrétaire que vous sollicitiez.

Nous conserverons toutefois vos coordonnées dans nos fichiers et si un nouveau poste est disponible, nous considérerons à nouveau votre candidature.

Nous vous remercions de l'intérêt que vous avez manifesté pour notre entreprise et nous vous souhaitons la meilleure des chances dans votre recherche d'emploi.

Le directeur des Ressources humaines,

Maurice Jeannotte

8- Rédaction d'un curriculum vitae

Nom et prénom :   Daniel Beaulac

Adresse: 7880, rue Lesage
                      Montréal
                      H1X 3Y7

Téléphone :   382-0000

EXPÉRIENCES PROFESSIONNELLES

Tous les postes occupés, en commençant par le dernier.

Année, nom de l'entreprise, poste et description de la fonction.

AUTRES EXPÉRIENCES PROFESSIONNELLES

S'il y a lieu, expliquez ici tous les autres travaux que vous auriez pu exécuter en dehors des emplois que vous avez mentionnés auparavant. Ex: travaux de rénovation, rédaction d'articles, travail à temps partiel comme vendeur, etc.

FORMATION

Inscrivez ici toutes les informations concernant vos études, en commençant par les plus anciennes, même si elles n'ont pas été complétées.

DES : École Louis-Lanthier, 1980-1985
DEC : Cégep de Matane, 1985-1988, spécialité...
Diplôme universitaire : UQAM, 1988-1990, baccalauréat en lettres
Autres cours...

INFORMATIONS PERSONNELLES

Date de naissance : 22 août 1965 (facultatif)

Langues parlées : français, anglais

Langue écrite : français

IMPLICATION SOCIALE

Organismes pour lesquels vous avez oeuvré bénévolement : associations sportives, communautaires, etc.

ACTIVITÉS

Mentionnez ici quelques-unes de vos activités préférées : sport, culture, activités manuelles, etc.

9- Demande de lettre de recommandation à un ami

Cher Paul,

Comme tu dois le savoir, je suis actuellement à la recherche d'un nouvel emploi et je suis sur le point de poser ma candidature à un poste de comptable dans un important bureau.

On me demande de joindre au formulaire des lettres de recommandation de mes ex-employeurs et de personnes en autorité pouvant se porter garantes de mon honnêteté et de ma compétence.

Comme tu me connais depuis longtemps, j'ai pensé que tu pourrais certainement m'en faire parvenir une très rapidement.

Pourrais-je compter sur toi?

Avec mon meilleur souvenir,

Daniel

10- Lettre de recommandation d'un ami

Madame, Monsieur,

Je connais Daniel Lemay depuis plus de vingt ans, ayant fait une partie de mes études universitaires avec lui à Sherbrooke.

C'est donc avec la plus grande confiance que je me permets de vous le recommander pour le poste de comptable qu'il sollicite chez vous. Je le connais comme un être consciencieux, fiable, ponctuel et possédant de grandes qualités dans l'exercice de ses fonctions.

Je suis assuré qu'il sera un excellent candidat et que vous ne regretterez pas votre choix si vous deviez l'engager.

Avec mes salutations distinguées,

Paul Roberge
(titre)
(adresse)
(téléphone)

11- Demande de lettre de recommandation à un employeur

Monsieur,

Depuis que j'ai été mis à pied de votre entreprise, je suis à la recherche d'un emploi et voilà qu'il y en a un fort intéressant qui se présente à moi.

Pour poser ma candidature, je dois présenter une lettre de recommandation de mon ex-employeur et c'est ce que je voudrais solliciter auprès de vous par la présente.

Auriez-vous l'obligeance de m'en faire parvenir une le plus rapidement possible en confirmant le nombre d'années que j'ai été à votre emploi et les différents postes que j'ai occupés?

Je vous remercie de votre attention et vous prie de croire, Monsieur, à mes sentiments distingués.

Daniel Lemay
(adresse)

12- Lettre de recommandation d'un employeur

Madame, Monsieur,

Il me fait plaisir de vous recommander M. Daniel Lemay pour le poste qu'il sollicite dans votre entreprise.

Monsieur Lemay a été à notre service de 1986 à juin 1992 et il a occupé tour à tour les postes de commis à la paie, d'assistant-comptable et de chef-comptable.

Nous avons toujours été très satisfaits de ses services. Monsieur Lemay est un employé fiable, ponctuel, sérieux et d'une très grande efficacité. Nous lui reconnaissons également des qualités de meneur d'hommes.

Nous aurions bien voulu le garder à notre service mais, malheureusement, la conjoncture économique nous a obligés à réduire notre personnel.

C'est avec confiance que vous pouvez le choisir pour le poste qu'il sollicite. Il sera pour vous une ressource sur laquelle vous pourrez compter.

Serge Marcoux
(titre)
(entreprise)
(adresse)

13- Remerciement à une connaissance pour un emploi obtenu

Monsieur Jasmin,

J'ai bien fait de suivre les conseils de mon père et de vous faire parvenir mon curriculum vitae en vous demandant de m'aider dans ma recherche d'un nouvel emploi.

Votre aide m'aura été précieuse puisque je viens tout juste d'apprendre que je suis engagé au service de comptabilité de votre entreprise. Je serai au poste lundi prochain mais je ne voulais pas attendre jusque-là pour vous remercier de votre intervention.

Après plusieurs mois de recherche, j'ai enfin déniché un emploi qui me convient et ce, grâce à vous en bonne partie. J'en suis d'autant plus heureux que je connais bien le respect qu'Armex Communications voue à ses employés et que je suis on ne peut plus satisfait de l'offre que l'on m'a faite.

J'espère que j'aurai l'occasion de vous rencontrer dès la semaine prochaine pour vous remercier de vive voix et vous dire toute ma gratitude.

Avec mes salutations distinguées,

Daniel Beaulac

14- Avis de licenciement

M. Rodrigue Beaulieu,

Les difficultés financières que connaît présentement notre entreprise nous obligent à couper un certain nombre de postes. J'ai donc le regret de vous apprendre qu'à compter du 15 juin prochain, vos services ne seront plus requis.

Au cours des jours qui viennent, vous serez invité à rencontrer mon adjoint, M. Charette, qui vous mettra au courant des modalités entourant ce licenciement et qui vous proposera également les services d'une agence de reclassement.

Je vous remercie de l'attachement que vous avez toujours manifesté pour l'entreprise et je vous souhaite la meilleure des chances dans votre recherche d'emploi.

Le directeur des Ressources humaines,

Serge Thériault

15- Demande de justification de licenciement

Monsieur le directeur,

J'ai été surpris de recevoir ce matin une lettre de votre part m'annonçant mon licenciement en date du 15 juin prochain.

Après en avoir parlé avec mes confrères, je ne réussis toujours pas à en comprendre la raison. On n'a jamais eu à se plaindre de mon travail et j'ai toujours maintenu de bons rapports avec mes supérieurs. Vraiment, je ne vois pas ce qui a pu justifier votre décision.

Auriez-vous l'amabilité de m'en faire part par écrit au cours des prochains jours de sorte que je puisse bien comprendre vos motifs? Je serais d'ailleurs disposé à en discuter avec vous si vous aviez quelques instants à m'accorder.

Espérant que vous saurez faire preuve de compassion à mon égard, je demeure,

Rodrigue Beaulieu

16- Contestation d'un licenciement

Monsieur le directeur,

J'ai bien reçu votre lettre du 5 juin m'annonçant ma mise à pied, mais les motifs que vous invoquez ne me semblent pas correspondre à la réalité.

J'ai consacré dix années de ma vie à faire mon travail avec rigueur, répondant toujours avec célérité aux exigences de mes supérieurs. Je ne voudrais pas qu'une mauvaise décision de votre part, même prise de bonne foi, vienne ternir ma réputation de travailleur consciencieux.

Je vous avise donc que si vous ne revoyez pas mon cas et que vous ne modifiez pas votre décision en ma faveur, je prendrai les mesures qui s'imposent pour obtenir justice.

Je demeure à votre disposition pour une rencontre, au moment qui vous conviendra, si vous vouliez avoir ma version des faits dans cette affaire.

Veuillez agréer, Monsieur le directeur, l'expression de mes salutations distinguées.

Roger Lamoureux

17- Démission

Monsieur le directeur,

Par la présente, je veux vous aviser que je quitterai mon poste de préposé à la comptabilité le 15 juin prochain.

Un emploi m'a été offert dans une autre entreprise et les conditions qui m'ont été faites ainsi que le défi qui se présente à moi m'ont amené à prendre cette décision.

Vous pouvez être assuré de toute ma fidélité au cours des deux prochaines semaines et je suis tout disposé à mettre mon successeur au courant des particularités de mon travail.

C'est avec regret que je quitterai cette entreprise pour laquelle j'ai consacré plusieurs années de ma vie et particulièrement tous mes collègues avec lesquels j'ai toujours maintenu d'excellents rapports.

Je vous remercie de m'avoir rendu la vie si facile au cours de ces années et vous prie de croire, Monsieur le directeur, à l'expression de mes meilleurs sentiments.

Lucien Miron

18- Demande de certificat de cessation d'emploi

Monsieur le directeur,

J'ai quitté mon emploi auprès de votre entreprise le 15 juin dernier et je n'ai toujours pas reçu mon certificat de cessation d'emploi malgré de nombreux appels téléphoniques à vos bureaux.

Comme ce formulaire est essentiel pour faire une demande de prestations d'assurance-chômage, je vous prierais de bien vouloir demander à la personne responsable de cette formalité d'agir avec célérité afin que mon dossier ne traîne pas indûment.

Vos comprendrez que ces prestations sont importantes pour moi en attendant de me dénicher un nouvel emploi.

Je vous remercie de l'attention que vous voudrez bien consacrer à ma requête et vous prie d'agréer, Monsieur le directeur, l'expression de mes salutations distinguées.

Pierre Sabourin

19- Demande de mutation dans un autre service

Monsieur le directeur,

Comme vous le savez sans doute, je travaille dans l'entreprise depuis trois ans déjà et j'ai occupé diverses fonctions au service de comptabilité. Mes supérieurs ont toujours été très satisfaits de mes réalisations et ils ont eu plusieurs fois l'occasion de m'en féliciter.

Je voudrais, aujourd'hui, apporter quelques changements à ma vie professionnelle en essayant de relever de nouveaux défis mais en demeurant au sein de cette entreprise.

Je serais particulièrement intéressé à oeuvrer au service des Ventes ou des Communications/Relations publiques, deux domaines dans lesquels je crois avoir les aptitudes pour réussir.

Je vous demanderais donc de me tenir au courant de tout poste qui pourrait être vacant dans l'un ou l'autre de ces services afin que je puisse y poser ma candidature sans délai.

Je vous remercie de l'attention que vous voudrez bien porter à ma requête et vous prie de recevoir, Monsieur le directeur, l'assurance de mes sentiments les meilleurs.

Michel Thériault

20- Demande de mutation dans une autre ville

Monsieur le directeur,

Ma conjointe a été avisée ces jours derniers que le service pour lequel elle travaille sera déménagé dans la ville de Québec dès le mois d'octobre prochain. Vous comprendrez que, pour une famille de deux enfants, c'est un dur coup à subir et que nous devrons prendre une décision importante concernant notre avenir.

Je ne vous cacherai pas que la perspertive de nous établir dans cette ville nous sourit à tous, mais que les conditions matérielles qui doivent s'y rattacher seront pour beaucoup dans notre décision.

Je voudrais donc, aujourd'hui, vous demander d'étudier la possibilité de me muter à nos bureaux de Québec à un poste semblable à celui que j'occupe ici actuellement. Je sais que de tels postes sont souvent disponibles puisque certains de mes confrères ont déjà eu l'occasion d'y poser leur candidature.

Je serais même prêt à envisager la possibilité de changer de service pour que ce vœu se réalise. Je serais disposé à en discuter avec vous au moment qui vous conviendra et même à me rendre à Québec pour rencontrer le directeur de nos bureaux là-bas.

Dans l'attente d'une réponse de votre part, veuillez croire, Monsieur le directeur, à mon entier dévouement.

Serge Lajeunesse

21- Demande de congé sabbatique

Monsieur le directeur,

Je désire vous faire part de mon intention de prendre un congé sabbatique à compter de septembre prochain afin de compléter, à temps plein, les études entreprises l'an dernier.

À cet effet, j'aimerais vous rencontrer au cours des prochains jours, si possible, pour discuter avec vous des modalités entourant cette offre de la compagnie. Plusieurs de mes confrères ont déjà profité de cette possibilité et j'aimerais voir avec vous s'il serait possible qu'à mon tour, je puisse bénéficier d'un tel congé.

En consultant mon dossier, vous apprendrez que je suis à l'emploi de l'entreprise depuis onze ans déjà et que j'ai toujours été fidèle à mes obligations dans le cadre de mon travail.

J'espère que ma requête sera étudiée avec soin et que nous en viendrons à une entente sur la durée de cette absence et sur mon retour au poste que j'occupe actuellement au terme de celle-ci.

Espérant que vous pourrez donner une suite favorable à ma demande, je vous prie d'agréer, Monsieur le directeur, l'assurance de mes meilleurs sentiments.

Serge Leblanc

22- Demande d'amélioration des conditions de travail

Monsieur le directeur,

En mon nom personnel et au nom d'une dizaine de confrères et consoeurs travaillant dans le même service que moi, je voudrais vous soumettre un certain nombre de mesures qui permettraient d'améliorer grandement nos conditions de travail. Ces mesures ont été régulièrement soulevées par quelques-uns d'entre nous mais jamais elles n'ont été portées à votre attention de façon officielle. Voilà ce que nous tenons à faire aujourd'hui.

La première mesure porte sur le droit de fumer sur nos lieux de travail. Nous aimerions que vous analysiez la possibilité de bannir cette pratique qui en incommode plusieurs tout en réservant certains locaux où les fumeurs pourraient se rendre pour fumer.

Concernant la cuisine où plusieurs d'entre nous ont l'habitude de prendre leur repas du midi, nous constatons que, malgré toute la bonne volonté du monde de la plupart d'entre nous, la propreté laisse à désirer. Nous suggérerions donc que vous nommiez une personne qui, dans le cadre de son travail, serait responsable d'y faire le ménage une ou deux fois par jour.

Enfin, nous aimerions que le petit local près de l'entrée des employés qui sert présentement de pièce de rangement soit transformé en vestiaire qui serait mis à notre disposition.

Nous croyons que ces mesures qui coûteraient, somme toute, assez peu à l'entreprise auraient l'avantage d'améliorer grandement nos conditions de travail. Nous vous saurions donc gré de prendre ces demandes en considération et de nous tenir informés de la suite que vous comptez y apporter.

Veuillez agréer, Monsieur le directeur, l'expression de nos sentiments les meilleurs.

Louis Lemieux, pour les employés de la comptabilité.

23- Demande d'augmentation de salaire

Monsieur le directeur,

Il y a maintenant un an que j'effectue le travail pour lequel vous m'avez engagé et votre attitude à mon égard semble démontrer que vous êtes satisfait de mes services.

Je vous remercie de la confiance que vous me portez et, croyant en celle-ci, je me permets de vous demander une augmentation de salaire puisque celui-ci n'a pas été revu depuis que j'ai été engagé.

Vous remerciant de l'attention que vous voudrez bien porter à ma demande, je vous prie d'agréer, Monsieur le directeur, l'expression de mes sentiments dévoués.

Bernard Brault

24- Demande de retrait préventif

Monsieur le directeur,

Comme vous avez pu vous en rendre compte, j'en suis à mon sixième mois de grossesse et, jusqu'à maintenant, j'ai continué à occuper mes fonctions du mieux que j'ai pu.

Je dois vous dire toutefois que j'ai de plus en plus de difficulté à accomplir ma tâche car je dois demeurer debout durant toute la journée et, parfois, transporter des colis plutôt lourds.

Je vous demanderais donc de prendre en considération un changement de poste pour les quelques semaines qu'il me reste à travailler avant de prendre mon congé de maternité. Je vous avoue que je préférerais que nous puissions nous entendre entre nous plutôt que d'avoir recours au retrait préventif officiel auquel j'aurais sans doute droit.

Je vous remercie de l'attention que vous voudrez bien porter à cette demande et vous prie de croire, Monsieur le directeur, à mon entière collaboration.

Sylviane Renaud

25- Demande de retraite anticipée

Monsieur le directeur,

Je vais bientôt avoir 58 ans et j'envisage sérieusement de prendre ma retraite d'ici deux ans. Je suis à l'emploi de votre entreprise depuis plus de vingt-cinq ans et je pense avoir toujours été à la hauteur dans l'exécution de mon travail.

Je vous demanderais donc d'étudier la possibilité de m'accorder une retraite anticipée qui pourrait prendre effet en septembre de l'année prochaine.

Si, dans la conjoncture économique actuelle, vous prévoyez devoir couper certains postes dans les mois à venir, je serais prêt à étudier toute offre de votre part pour que je quitte mon emploi aux alentours de cette date.

Je vous remercie de l'attention que vous voudrez bien porter à cette demande et vous prie d'agréer, Monsieur le directeur, l'assurance de mes sentiments les meilleurs.

Maurice Lavoie

AMOUR ET AMITIÉ

26- À un ami après un long silence

Cher Jean,

Voilà plusieurs mois que je n'ai pas eu de nouvelles de vous et que, de mon côté, je n'ai pas pris le temps de communiquer avec vous. N'allez pas croire que ce soit par mauvaise volonté mais vous savez que nos occupations réciproques nous empêchent souvent de consacrer le temps qu'il faudrait à nos amis.

Je pense souvent à vous et puisque, de mon côté, j'aurai certains moments libres au cours des prochaines semaines, j'ai pensé qu'il serait agréable de dîner ensemble un jour prochain. Vos obligations vous le permettraient-elles?

J'attends votre réponse avec impatience et vous me verriez la plus heureuse des femmes si ce rendez-vous pouvait se concrétiser.

Ginette

27- Demande de nouvelles

Chère Lucie,

J'attends toujours de tes nouvelles après les deux lettres que je t'ai écrites au cours des derniers mois. Notre vieille amitié me pousse à insister. Je ne te cacherai pas que je m'inquiète de ta santé et j'aimerais bien être rassuré, tout au moins sur ce point.

J'aimerais bien savoir aussi ce qui se passe de beau dans ta vie ces jours-ci. Comment va le travail? Les amours? As-tu toujours le temps de faire du sport comme nous en faisions ensemble il n'y a pas si longtemps? As-tu vu des spectacles intéressants?

Je t'en prie, écris-moi un petit mot, ne serait-ce que pour me dire que tu n'oublies pas ton vieil ami qui pense souvent à toi et qui a hâte d'avoir de tes nouvelles.

Claude

28- Donner des nouvelles

Cher Claude,

Je suis désolée de t'avoir inquiété en retardant de t'écrire. Je n'ai aucune excuse, si ce n'est le travail qui prend tout mon temps ces jours-ci.

L'adaptation à mon nouvel emploi ne se fait pas sans heurts et je dois y consacrer de nombreuses heures chaque semaine. Au point de négliger mes amis et je m'en excuse. Cela dit, c'est vraiment un défi très intéressant que je suis en train de relever et je suis sûre que je parviendrai à passer au travers.

Pour répondre à tes questions, oui, les amours sont au beau fixe. Même si nous ne nous voyons pas aussi souvent et aussi longtemps que nous le souhaiterions, ma relation avec Jean est empreinte de grandes joies, de beaux moments de tendresse et de bienheureuse sérénité.

Je n'ai presque plus le temps de faire du sport et, les spectacles, n'en parlons pas.

Je te promets de t'en raconter plus long une prochaine fois et que tu n'auras pas à attendre deux mois avant d'avoir de mes nouvelles. D'ailleurs, je compte bien passer quelques jours chez mes parents durant mes vacances et sois sûr que tu seras l'un des tout premiers que j'appellerai. J'ai bien hâte de te voir.

Une amie qui ne t'oublie pas,

Julie

29- Déclaration d'amour

Chère Geneviève,

J'ai longtemps hésité avant de me mettre à écrire cette lettre. C'est que, vois-tu, j'hésite à te faire verbalement une déclaration qui ne cesse de me troubler depuis un bon moment déjà. Elle est pourtant fort simple : Geneviève, je t'aime et je voudrais, du plus profond de mon coeur, vivre avec toi aussitôt que la chose sera possible. Si tes sentiments, bien sûr, sont les mêmes à mon égard.

Je n'élabore pas davantage; c'est là l'essentiel de ce que j'avais à te révéler. Aussitôt que j'aurai mis ma lettre à la poste, je me sentirai soulagé et j'attendrai avec impatience une réponse de ta part.

Un ami qui éprouve pour toi la plus grande affection,

François

30- Réponse positive

Très cher François,

Si tu savais comme j'attendais depuis longtemps ce grand pas de ta part. À plusieurs reprises, j'ai cru avoir le courage de prendre les devants mais, chaque fois, quelque chose en moi me retenait.

Oui, François, je partage tes sentiments et je souhaite, moi aussi, que nous tracions ensemble des plans pour que nos voeux se réalisent.

Maintenant que les choses sont claires, il nous sera sans doute plus facile de nous en parler ouvertement et je suis persuadée que nous saurons vaincre tous les obstacles qui pourraient nous séparer de notre but.

La plus heureuse des femmes, ton amie,

Geneviève

31- Réponse négative

Cher François,

Ta lettre m'a beaucoup touchée et m'a profondément émue. Je crains toutefois devoir te faire de la peine en te disant que, pour le moment du moins, ce que tu me demandes ne pourra pas se réaliser.

J'éprouve pour toi beaucoup d'affection et une grande amitié. Je pense te l'avoir prouvé. Mais avant de partager ma vie avec quelqu'un, je dois être sûre de mes propres sentiments et je ne crois pas que ceux-ci soient assez forts pour m'engager maintenant dans une telle voie.

Malgré ma réponse, pourrais-je encore compter sur ton amitié? Je désire ardemment que nous réussissions à la développer encore davantage afin de consolider les bases sur lesquelles nous l'avons bâtie. Ta présence m'est précieuse et il n'est rien au monde auquel je ne tienne plus.

Sauras-tu être patient? Peut-être que le temps...

Ta plus fidèle amie,

Geneviève

32- Lettre d'amour pendant l'absence

Mon grand amour,

Si tu savais comme tu me manques depuis que tu es partie. Je ne cesse de penser à toi à chaque instant et il me tarde de te revoir et de te serrer tout contre moi comme nous avons l'habitude de le faire quand tu es là.

Je m'endors en pensant à toi et tu es la première pensée qui me vient quand je me réveille. Je rêve souvent à toi, le jour comme la nuit. Au point de négliger parfois le travail que j'aurais à faire.

Heureusement, les jours qui passent nous rapprochent sans cesse du jour de ton retour et j'ai le coeur qui bat très fort juste à y penser.

Reviens vite, mon amour. Je t'aime,

Frédéric

33- Inscription à un courrier de rencontre

Femme, 35 ans, divorcée, sans enfant, aimant le cinéma, le théâtre, les restaurants, le ski et le golf. Recherche homme dans la trentaine, avec ou sans enfant, tendre et affectueux, pour partager les joies de la vie et échanger sur nos idées.

Mireille Lesage
(adresse)
(téléphone)

34- En réponse à une annonce personnelle

Madame,

J'ai pris connaissance de la petite annonce que vous avez fait paraître dans le journal *Le Matin* de samedi dernier et la description que vous faites de vous de même que vos attentes semblent correspondre en tout point à ce que moi-même je recherche depuis plusieurs mois.

J'ai 38 ans et je vis seul depuis mon divorce il y a de cela deux ans. Comme vous, j'aime les sorties à caractère culturel, je pratique quelques sports sans être un mordu et j'apprécie la bonne bouffe, en particulier quand il s'agit d'un tête à tête. Je recherche la bonne compagnie et je sais faire preuve d'attention et de tendresse envers la personne avec qui je suis.

Si ces quelques notes vous conviennent, j'aimerais bien qu'on se rencontre prochainement pour se connaître un peu et échanger davantage sur nos personnalités. Pourquoi pas un premier souper au restaurant de votre choix?

J'attends de vos nouvelles avec impatience.

Serge
(adresse)
(téléphone)

35- Une réponse positive

Serge,

J'ai reçu ta lettre ce matin et je m'empresse d'y répondre. Je suis heureuse de constater que tu as les mêmes affinités que moi et la brève description de tes qualités me donne le goût de te rencontrer.

Je te propose que l'on se voie vendredi prochain, 19 heures, au restaurant «Le coin bleu» sur la rue Laurier coin St-Hubert pour faire plus ample connaissance.

Si le jour et l'heure ne te conviennent pas, tu peux toujours me téléphoner au numéro 345-6789 et nous nous fixerons un autre rendez-vous. Si je n'ai pas de nouvelles de toi d'ici là, je serai sur place à l'heure convenue. Pour que tu me reconnaisses, je porterai un blouson de cuir vert.

J'ai hâte de te connaître et j'espère que cette rencontre sera le début d'une belle amitié.

Mireille

36- Carte postale à un ami

La vue superbe qui apparaît sur cette carte n'est rien par rapport à la réalité. Ici, tout est magnifique. Les gens sont chaleureux, l'ambiance extraordinaire et la température idéale.

J'en aurai long à te raconter à mon retour sur toutes les expériences fascinantes que je vis depuis mon arrivée. Ça te donnera sûrement le goût de venir y voir par toi-même au cours de tes prochaines vacances.

À bientôt,

Pierre

37- Carte postale à un amoureux

Très cher amour,

J'aimerais te faire partager ma joie et mon admiration pour ce merveilleux pays. Tout y est fabuleux. Il n'y manque que toi à qui je pense tout le temps.

Pierrette

38- Invitation à des amis pour un dîner

Chère Patricia, cher Hugo,

Nous en parlons depuis longtemps, Louise et moi, et nous nous décidons enfin à passer aux actes.

Seriez-vous libres pour venir souper chez nous le samedi 18 juin, à l'heure qui vous conviendra? Ce ne serait rien de très formel, juste une occasion de nous retrouver tous les quatre et de nous raconter tout ce que la vie nous réserve de beau et de bon ces jours-ci, et que nous n'avons malheureusement pas le temps d'échanger lors de nos trop brèves rencontres.

Amicalement,

Lucien

39- Réponse positive

Chère Louise, cher Lucien,

Quelle belle attention de votre part! Nous acceptons votre invitation avec grand plaisir et nous avons hâte de vous retrouver.

Nous avons, l'un et l'autre, de bien belles choses à vous raconter car nous avons des projets plein la tête. Mais je ne vendrai pas la mèche; vous devrez attendre jusqu'au 18.

Nous apporterons un petit dessert et deux bonnes bouteilles de vin pour agrémenter ce repas.

À très bientôt,

Patricia et Hugo

40- Réponse négative

Louise et Pierre,

Nous avons bien reçu votre invitation et cela nous a beaucoup touchés. Nous espérons que nous ne vous décevrons pas trop en vous annonçant que nous n'y serons pas.

Les choses ne vont pas très bien entre nous ces jours-ci et l'atmosphère n'est pas à la fête. Il serait illusoire de croire que nous pourrions passer une agréable soirée. Pour le moment, nous préférons nous retirer le plus possible de toute vie sociale afin de voir clair en nous et entre nous.

Peut-être qu'une prochaine fois... Merci quand même de cette charmante attention et acceptez toute notre amitié.

Patricia et Hugo

LES ENFANTS

41-Communication de bons résultats scolaires

Chers parents,

Je viens tout juste de recevoir les résultats de mes examens pour le premier trimestre et je tenais à vous en faire part avec empressement. Comme vous le constaterez par la photocopie que je vous fais parvenir, toutes mes notes sont excellentes, je dirais même qu'elles dépassent mes espérances.

Vous vous doutez bien que l'adaptation aux règles de vie universitaire n'a pas été facile, d'autant plus que je me retrouvais en résidence, moi qui n'avais jusqu'à maintenant connu que la sécurité du foyer familial. Cette étape est désormais passée et je me fais bien à cette nouvelle vie. Je suis particulièrement heureux que mes études n'en aient pas souffert.

J'entame donc le deuxième trimestre avec un poids en moins et, vous vous en doutez bien, avec tout le sérieux que vous me connaissez. Rassurez-vous, votre fils est en pleine forme et en pleine santé.

Je pense souvent à vous et j'ai hâte de vous revoir aux prochaines vacances.

Je vous embrasse tendrement,

Patrick

42- Félicitations à un fils pour ses bons résultats

Cher Patrick,

Ta mère et moi sommes fiers des bons résultats que tu as obtenus lors de tes examens et nous t'encourageons à continuer ton bon travail à l'université.

Tu as bien raison de croire que nous étions inquiets quand tu as quitté la maison et nous sommes heureux d'apprendre que les choses se passent bien pour toi maintenant. Nous tenons quand même à te mettre en garde contre la fatigue qui pourrait mettre en danger ta santé. Bien sûr, il te faut travailler fort mais tâche de te reposer de temps à autre et de profiter de moments de répit. Tes périodes d'étude n'en seront que plus enrichissantes.

Nous pensons à toi tous les jours et attendons avec impatience ton retour prochain à la maison. Ta mère et moi t'embrassons affectueusement.

À bientôt et bonne chance,

Tes parents qui t'aiment.

43- Communication de mauvais résultats scolaires

Chers parents,

J'ai bien peur de vous faire de la peine en vous faisant parvenir les résultats de mes examens de ce premier trimestre, mais les choses sont ce qu'elles sont et je ne peux pas y échapper.

L'adaptation à mon nouveau milieu de vie a été particulièrement difficile et, malgré tous mes efforts et ma bonne volonté, les résultats ne correspondent pas à mes attentes. Je me rends compte aujourd'hui que je devrai mettre derrière moi mes petites difficultés personnelles et travailler avec acharnement pour que le second trimestre soit meilleur.

J'ai pris également la résolution de mettre de côté les activités sociales auxquelles j'ai peut-être accordé trop d'importance depuis le début de l'année. J'ai bien l'intention de consacrer tout mon temps à mes études car vous savez comme elles sont importantes pour moi.

Je regrette de devoir vous transmettre d'aussi mauvaises nouvelles et j'espère que ce sera la dernière fois. Non seulement je l'espère, mais je vous le promets.

Votre fille qui vous aime,

Annie

44- Remarques des parents

Chère Annie,

Tu as bien raison de croire que nous ne nous sommes pas réjouis en prenant connaissance de tes résultats d'examens. Ton père et moi étions profondément déçus même si nous comprenons qu'un début d'année à l'université ne doit pas être de tout repos.

Aurais-tu fait preuve d'une trop grande confiance en toi en n'étudiant pas comme tu es capable de le faire? Nous sommes portés à le croire et nous espérons vivement que tu sauras te reprendre en mains le plus tôt possible.

Ta résolution à l'effet de travailler d'arrache-pied au cours des prochains mois nous semble être une excellente décision et nous comptons sur toi pour que tu la maintiennes sur une base régulière. Ce n'est que par le travail que tu parviendras au succès et ce premier trimestre t'en aura fait la preuve, du moins l'espérons-nous.

Dis-toi que tu auras tout le temps au cours des vacances pour t'adonner à des activités sociales. Pour le moment, ce sont tes études qui comptent. Attaque-les sérieusement pour que tu n'en sois pas déçue à la prochaine étape. Et que nous ne soyons pas déçus nous non plus.

Nous t'encourageons dans tes efforts et pensons souvent à toi.

Je t'embrasse chaleureusement,

Ta mère

45- Demande de rencontre avec un enseignant au sujet de son enfant

Madame Jeannotte,

Je viens de recevoir le bulletin de mon fils et je suis particulièrement déçue des résultats qu'il a obtenus au cours de cette période. N'allez pas croire que je vous en tienne responsable, il n'en est rien.

Je connais bien mon fils et je sais qu'il a souvent tendance à se laisser aller quand il est question de ses études. Avant qu'il ne soit trop tard, je voudrais prendre les moyens pour que les choses se corrigent et, à ce sujet, j'aimerais bien vous rencontrer pour que nous en discutions.

Je sais, parce qu'il m'en a parlé, qu'il a certaines difficultés avec ses camarades et je voudrais que l'on voie ensemble comment remédier à la situation.

Si vous êtes d'accord, j'aimerais bien aussi qu'Éric assiste à notre rencontre afin qu'il comprenne bien qu'il peut compter sur nous, mais qu'il a également sa part d'efforts à faire.

Je vous transmets cette lettre par son intermédiaire et j'attends avec impatience votre réponse. Je serais disposée à vous rencontrer après la classe quand il vous conviendra, mais je pense que le plus tôt serait le mieux.

Je vous remercie de votre collaboration et de l'attention que vous portez à Éric.

Sa mère, Hélène

46- Demande de cours particuliers

Madame Jeannotte,

Malgré les efforts que nous avons faits au cours des derniers mois, les résultats scolaires de mon fils ne sont pas à la hauteur de mes attentes. Cela est particulièrement vrai en mathématiques, une matière qui lui donne beaucoup de soucis. Je suis son travail sur une base quotidienne et je constate qu'il y met la meilleure volonté du monde.

Je dois conclure qu'il a accumulé du retard depuis le début de l'année et je ne pense pas qu'il pourra rattraper les autres si nous ne prenons pas les mesures qui s'imposent. J'envisage donc la possibilité de lui faire suivre des cours particuliers dès maintenant afin qu'il ne mette pas son année en jeu.

Mais avant d'entreprendre ces démarches, je voudrais connaître votre opinion et, si possible, que vous me guidiez vers le service qui lui conviendrait. Existe-t-il, à l'école même, un professeur qui le prendrait en charge? Peut-être même vous, si la chose est possible. Je serais prête à débourser ce qu'il en faut pour lui offrir ce service.

J'aimerais bien que vous répondiez à mes interrogations dans les plus brefs délais afin que je puisse prendre les mesures qui s'imposent.

Je vous remercie de votre attention et j'espère que mon fils se retrouvera sur la bonne voie le plus rapidement possible.

Sa mère, Francine

47- Justification d'une absence

Monsieur,

Mon fils a été absent de l'école au cours des derniers jours parce qu'il a dû se rendre à Québec avec son père pour consulter un médecin spécialiste.

Comme nous avons obtenu un rendez-vous à la toute dernière minute, nous n'avons pas pu vous en aviser auparavant.

J'espère qu'il réussira à reprendre le temps perdu et n'hésitez pas à lui indiquer le travail qu'il aurait à faire à la maison pour rejoindre les autres. Nous veillerons à ce qu'il le fasse avec sérieux.

Merci de votre compréhension,

Sa mère, Lucille

48- Justification d'un retard

Madame,

Mon fils Luc se présente en retard à l'école ce matin parce qu'il avait un rendez-vous chez le dentiste. Je regrette d'avoir oublié de vous en faire part hier. J'espère qu'il n'aura rien manqué d'essentiel. Si nécessaire, indiquez-lui ce qu'il aurait à faire comme travail à rattraper et je verrai à l'aider pour qu'il reprenne le temps perdu.

Sa mère, Hélène

49- Demande d'absence justifiée

Madame,

Mon mari et moi aurions une chance unique d'amener notre fille en voyage aux États-Unis au cours des deux dernières semaines de novembre. Mais avant de prendre notre décision et de lui en faire part, nous tenions à vous demander votre opinion.

Croyez-vous qu'elle serait en mesure de s'absenter au cours de cette période sans que ses résultats scolaires n'en soient affectés? Serait-il possible que vous lui donniez un peu de travail qu'elle pourrait effectuer durant ses temps libres? Vous pouvez compter sur nous pour qu'elle le fasse avec sérieux.

Nous pensons, quant à nous, qu'elle pourrait se permettre cette absence, d'autant plus qu'elle a eu d'excellentes notes dans son dernier bulletin et qu'il n'y a pas d'examens en vue en novembre. Ce serait également pour elle une expérience enrichissante.

Nous désirons tout de même connaître votre opinion. Nous attendons votre réponse le plus rapidement possible étant donné que nous devons prendre notre décision d'ici la fin de cette semaine.

Merci de votre attention et de tout ce que vous faites pour notre fille à l'école.

Ses parents, Félix et Yolande

50- Plainte des parents au sujet de l'école

Madame la directrice,

Nous avons hésité longtemps avant de vous écrire cette lettre car nous espérions que les reproches que nous avons à faire au sujet de l'école que vous dirigez pourraient se corriger d'eux-mêmes avec le temps. Nous sommes intervenus à plusieurs reprises auprès du professeur de notre fils sans grands résultats. Puisque rien ne semble vouloir changer, nous tenons à vous en faire part.

Depuis le début de l'année scolaire, notre fils a manifesté plusieurs fois son insatisfaction concernant la discipline imposée à l'école et le comportement de plusieurs élèves tant à l'intérieur des classes que dans les corridors. Il nous a dit que plusieurs actes de vandalisme ont été perpétrés et qu'il y a même eu de la violence entre élèves. Selon ce qu'il a pu constater, aucune mesure n'a été prise pour qu'on mette fin à ces comportements.

Il a manifesté aussi sa déception face à ses relations avec certains professeurs qui ne donneraient pas le suivi essentiel aux élèves en difficulté. Plusieurs semblent se contenter de donner leurs cours et de quitter l'école dès que leur tâche est accomplie. Il nous semble qu'ils devraient être disponibles à certains moments pour rencontrer les élèves qui auraient besoin de renseignements supplémentaires.

Ce sont les deux points majeurs que nous voulions porter à votre attention, mais il y en a également plusieurs autres, de moindre importance, que nous laissons de côté pour l'instant. Nous serions tout disposés à vous rencontrer pour en discuter avec vous si vous le jugiez nécessaire.

Nous serions même prêts, comme parents, à nous engager dans toute action qui pourrait contribuer à corriger la situation.

Merci de votre attention et veuillez croire, Madame la directrice, à notre entière collaboration.

Thérèse Michaud
Jean Labonté
(numéro de téléphone)

51- Remerciements à un professeur à la fin de l'année

Madame Jeannotte,

Je ne voulais pas laisser l'année scolaire se terminer sans vous remercier très sincèrement de toute l'attention que vous avez portée à mon fils au cours des derniers mois.

Quand Éric était en difficulté, vous avez fait preuve de patience et de compréhension à son égard et cela lui a fait le plus grand bien. Il termine son année dans la joie et avec des résultats, somme toute, satisfaisants et vous y êtes pour beaucoup dans cette réussite.

Chère madame, si tous les professeurs savaient faire preuve du professionnalisme que vous avez démontré, l'école pourrait être un milieu enrichissant pour tous les élèves. Je souhaiterais qu'on prenne exemple sur vous.

Encore une fois merci et je vous souhaite d'excellentes vacances, ce que vous méritez bien.

Francine Simard

52- Demande de renseignements sur une école

Monsieur le directeur,

Nous aurions l'intention d'inscrire notre fille dans votre école à compter de septembre prochain. Nous n'avons entendu que du bien de votre institution et nous croyons qu'elle pourrait y apprendre beaucoup mieux que dans l'école qu'elle fréquente présentement.

Auriez-vous l'obligeance de nous faire parvenir tous les renseignements pertinents concernant les cours et les options offerts, les règlements, la tenue vestimentaire exigée, les modalités d'inscription et de sélection et, bien sûr, les frais de scolarité?

Avec ces informations en mains, nous serons mieux en mesure de juger des intérêts de notre fille et nous pourrons alors faire, le cas échéant, les démarches nécessaires pour l'inscrire.

Nous vous remercions de votre attention et vous prions d'agréer, Monsieur le directeur, l'assurance de nos sentiments les meilleurs.

Cécile Cormier
Pierre Légaré
(adresse)

53- Demande simplifiée de renseignements sur une école

Monsieur le directeur,

Pourriez-vous nous faire parvenir les informations concernant votre école et les modalités d'inscription?

Notre fille est, actuellement, en Secondaire 2 et nous avons l'intention de lui faire changer d'école en septembre prochain. Acceptez-vous de nouvelles inscriptions en Secondaire 3?

Merci de votre collaboration.

Cécile Cormier
Pierre Légaré
(adresse)

54- Reproche à un père au sujet du comportement de son fils

Monsieur,

À trois reprises au cours du dernier mois, notre fille s'est plainte à nous au sujet du comportement de votre fils à son égard. En deux occasions, il s'agissait de remarques désobligeantes prononcées devant leurs camarades de classe. Mais voilà qu'hier, les choses ont pris des proportions plus importantes encore.

Notre fille s'est fait bousculer assez violemment par votre fils à la sortie de l'école; il l'a frappée et lui a déchiré son blouson. Nous avons pu faire confirmer ses affirmations par son amie qui a été témoin de la scène.

Nous n'avons pas l'habitude de nous mêler des petits conflits que vit notre fille à l'école mais, dans les circonstances, nous croyons devoir vous en informer afin que vous puissiez prendre les dispositions pour que de tels gestes ne se reproduisent pas.

Si une autre altercation devait survenir, nous nous verrions obligés de prendre les mesures qui s'imposent.

En espérant que ces informations seront suffisantes pour corriger la situation, veuillez recevoir, Monsieur, nos salutations distinguées.

Les parents de Marie-Ève Morin,
Pierrette Jasmin
Louis Morin

55- Réponse du père

Madame, Monsieur,

J'ai pris connaissance de votre lettre et vous devez bien vous douter que je n'étais pas au courant de la situation que vous décrivez. Je me suis empressé d'en parler avec mon fils qui n'a pas nié les faits mais en a néanmoins donné une version quelque peu différente.

À plusieurs reprises, votre fille a commenté ouvertement devant ses camarades les mauvais résultats scolaires de mon fils et ce, de façon pas très délicate. La réplique verbale de mon fils n'était qu'une forme de défense que je considère tout à fait légitime de sa part.

Quant à la bousculade récente, elle est injustifiée, je l'admets, mais elle faisait suite à d'autres remarques de la part de votre fille concernant sa tenue vestimentaire et ses fréquentations. Je lui ai fait comprendre que rien ne justifie la violence et j'aimerais bien aussi que vous fassiez comprendre à votre fille que le respect des autres est également une valeur morale importante.

J'ai suggéré à mon fils que, dans la mesure du possible, il évite de se retrouver en présence de votre fille tout en considérant que, dans une école, la chose n'est pas toujours possible. J'aimerais bien que, de votre côté, vous transmettiez le même message à votre fille. De cette façon, peut-être que ces conflits ne se reproduiront pas.

Avec mes salutations distinguées,

Jean Migneault

À L'ADMINISTRATION

56- Demande d'un acte de naissance

Madame, Monsieur,

Pourriez-vous nous faire parvenir, par retour du courrier, l'acte de naissance de notre fils dont nous avons besoin pour faire une demande de passeport?

Voici ses coordonnées.

François Brisebois-Lagacé
Né le 26 octobre 1980
Enregistré en novembre 1980
dans la municipalité de Pointe-aux-Trembles

S'il vous plaît, veuillez nous l'expédier le plus rapidement possible car nous devons faire cette demande de passeport dans les prochains jours.

Merci de votre collaboration,

Frédéric Brisebois
(adresse)

57- Différend avec l'impôt

Madame, Monsieur,

Je viens de recevoir l'avis de cotisation qui fait suite à ma déclaration d'impôt sur le revenu pour l'année 1992. Cet avis de cotisation fait état de certains changements à ma déclaration avec lesquels je suis en désaccord. J'ai vainement tenté de communiquer avec mon bureau local mais le service est constamment occupé.

Vous avez modifié le montant de dépenses auquel je croyais avoir droit à titre de travailleur autonome en le réduisant de plus de 1000 $ sans donner d'explications.

Auriez-vous l'obligeance de me donner les détails de vos propres calculs et de m'indiquer également les recours qui sont à ma disposition en tant que contribuable pour, éventuellement, contester votre interprétation.

Merci de votre collaboration.

Jean-Pierre Hurtubise
(adresse)
(téléphone)

58- Contestation

Madame, Monsieur,

Je désire porter plainte contre l'interprétation qui a été faite par vos fonctionnaires de ma déclaration d'impôt pour 1992.

On me refuse certaines dépenses à titre de travailleur autonome et, après consultation auprès d'un comptable, je crois être en droit de réclamer ces déductions. J'ai demandé des explications au ministère du Revenu et on ne m'en a fourni aucune.

Je veux donc plaider ma cause devant les autorités compétentes et vous prie de m'indiquer les règles que je dois suivre pour présenter mon dossier.

Je vous prie d'agréer, Madame, Monsieur, mes salutations distinguées.

Jean-Pierre Hurtubise
(adresse)
(téléphone)

59- Changement à une déclaration d'impôt

Madame, Monsieur,

J'ai produit ma déclaration d'impôt sur le revenu en avril dernier et je viens tout juste de me rendre compte que j'avais oublié d'indiquer le montant des frais de garde que j'ai déboursé au cours de l'année.

En conséquence, auriez-vous l'obligeance de faire cette correction au moment de l'étude de ma déclaration en inscrivant, à l'endroit approprié, un montant de 540, 25 $. Je joins à cette lettre une photocopie du reçu du Service de garde de l'école que j'avais égaré. Si vous devez avoir en mains l'original, je vous le ferai parvenir dès que vous m'en aurez avisé.

J'espère que la correction pourra se faire avant que vous ne me fassiez parvenir mon avis de cotisation, faute de quoi je devrai faire de nouvelles démarches pour que celui-ci soit modifié en ma faveur.

Merci de votre collaboration.

Lucien Fréchette
(adresse)
(numéro d'assurance sociale)

60- Demande d'intervention d'un député

Monsieur le député,

Je voudrais solliciter votre intervention pour m'aider à résoudre un problème qui m'oppose au ministère du Revenu concernant ma déclaration d'impôt de 1992.

J'ai produit cette déclaration au début d'avril dernier et, six mois plus tard, j'attends toujours le remboursement auquel je crois avoir droit.

À plusieurs reprises, j'ai communiqué avec des fonctionnaires de ce ministère et ils n'ont pu me donner d'explications justifiant ce retard. Chaque fois, on me répétait que ce n'était qu'une question de temps et qu'ils ne pouvaient rien faire pour moi.

J'ai pensé qu'une intervention de votre part accélérerait peut-être les choses et c'est pourquoi j'ai résolu de vous écrire. Je vous donne mes coordonnées afin que vous puissiez retracer mon dossier.

Je vous remercie, Monsieur le député, de votre collaboration et vous prie de croire en ma considération distinguée.

Jean Brulotte
(adresse)
(téléphone)
(numéro d'assurance sociale)

61- Demande d'information sur le régime de pension du Canada

Madame, Monsieur,

Dans moins de deux ans, j'ai l'intention de prendre ma retraite et je voudrais commencer à évaluer dès aujourd'hui les revenus que je pourrai toucher à ce moment.

J'aurai alors 60 ans et mon épouse, qui ne travaille pas, aura 59 ans. Serons-nous, l'un et l'autre, admissibles à la Pension du Canada et, si non, à quel moment le serons-nous? Combien pouvons-nous nous attendre de toucher chaque mois?

Pourriez-vous me faire parvenir toutes les informations concernant ce régime fédéral et, si possible, les formulaires que nous devrons remplir pour nous inscrire dans les plus brefs délais?

Merci de votre collaboration. J'attends ces informations avec impatience.

Lionel Grenier
(adresse)

62- Demande d'information à la Régie des rentes du Québec

Madame, Monsieur,

Pourriez-vous me faire parvenir le relevé des contributions que j'ai versées à la Régie des rentes du Québec depuis que ce régime a été mis en place?

J'ai l'intention de prendre ma retraite dans moins de deux ans et je voudrais avoir une idée approximative de la somme que je toucherai chaque mois. Pourriez-vous, si possible, faire ce calcul pour moi, en tenant compte qu'au cours des deux prochaines années, je verserai le montant maximum prévu par la loi?

Je désirerais que vous fassiez le même calcul pour ma conjointe, qui a versé des contributions sur une base irrégulière au cours des dernières années.

Je vous signale, si cela est pertinent, que j'aurai 60 ans au moment de prendre ma retraite et que mon épouse en aura 59. Serons-nous admissibles?

Je vous remercie, Madame, Monsieur, de votre bienveillante attention et vous prie de recevoir mes salutations distinguées.

Lionel Grenier
(numéro d'assurance sociale)
(adresse)
Germaine Grenier
(numéro d'assurance sociale)

63- Plainte pour tapage nocturne

Monsieur le chef de police,

Je voudrais porter à votre attention un problème que nous connaissons depuis un certain nombre de mois et qui ne semble pas vouloir se régler, malgré plusieurs plaintes de notre part.

Presque toutes les nuits, nous sommes réveillés par le bruit d'automobiles qui circulent à vitesse folle sur notre rue et qui freinent avec grand bruit à l'intersection. Il nous semble que ces visiteurs nocturnes viennent de la discothèque située dans notre secteur et ils ne manifestent aucun respect pour les résidents.

À plusieurs reprises, j'ai porté plainte au poste de police du quartier, comme l'ont fait d'ailleurs plusieurs de nos voisins. Aucune mesure n'a été prise pour assurer une certaine surveillance de sorte que le problème persiste.

Il nous semble que si vous demandiez à vos policiers d'être en poste pendant quelques jours à cette intersection, le problème se réglerait assez rapidement.

Je fais parvenir copie de cette lettre à mon conseiller municipal afin qu'il soit sensibilisé à la chose et qu'il informe les autorités de notre situation.

Espérant que le tout reviendra à la normale le plus rapidement possible, je vous prie de recevoir, Monsieur le chef de police, l'expression de mes sentiments les meilleurs.

Louis Leduc
(adresse)

64- Plainte concernant l'état de la rue

Monsieur le directeur,

Je voudrais porter à votre attention le mauvais état de la rue sur laquelle nous habitons. À plusieurs reprises au cours de la dernière année, des travaux ont été effectués dans notre secteur et les réparations n'ont pas été à la hauteur de ce que nous sommes en droit d'exiger.

Il y a, en plusieurs endroits, des dénivellations importantes et des crevasses qui sont dangereuses non seulement pour les piétons et les cyclistes, mais également pour nos automobiles lorsque nous circulons.

Auriez-vous l'obligeance de prendre les mesures pour corriger la situation dans les plus brefs délais de sorte que nous retrouvions une chaussée digne du secteur résidentiel où nous avons choisi de vivre.

Je fais parvenir copie de cette lettre à mon conseiller municipal afin qu'il vienne lui-même constater l'état de la rue et qu'il en informe les autorités compétentes.

En espérant que la situation sera corrigée rapidement, je vous prie de croire, Monsieur le directeur, en ma considération distinguée.

Germain Galarneau
(adresse)

65- Contestation de l'implantation d'une entreprise

Monsieur le maire,

Je voudrais vous exprimer mon désaccord avec l'implantation d'une usine de la compagnie Chemco aux abords de notre quartier.

Nous avons choisi ce secteur de la ville pour venir y résider principalement à cause de son calme et de la salubrité de l'air qu'on y retrouve. Or, voilà qu'une usine de produits chimiques menace cette quiétude et la qualité de l'air.

La circulation de véhicules lourds sera sans doute plus dense dans notre environnement immédiat et les émanations toxiques risquent de mettre en danger notre santé. Ce sont là, je pense, des raisons suffisantes pour s'objecter au projet de la compagnie.

Je voudrais que vous teniez compte des réactions des résidents du quartier avant de donner votre aval à cette implantation. Plusieurs résidents du secteur vous ont fait part de leurs objections et nous comptons bien faire toutes les pressions nécessaires pour que le projet soit implanté ailleurs. J'espère que nous pourrons compter sur vous pour nous soutenir.

Veuillez agréer, Monsieur le maire, l'assurance de toute ma considération.

Léon Finet
(adresse)

66- Déclaration de perte d'objet

Madame, Monsieur,

Tel que convenu lors de notre conversation téléphonique, je vous fais la description de la mallette que j'ai perdue dans le métro le 12 juillet dernier. Je voyageais en direction sud entre les stations Sauvé et Sherbrooke.

Il s'agit d'une mallette de cuir noir presque neuve portant mes initiales M.V. gravées en doré. La mallette contenait des notes de cours dans des chemises de couleur bleue ainsi qu'un livre de science politique. Il s'y trouvait aussi mon agenda personnel et un roman de Michel Tremblay.

J'espère que ces quelques notes seront suffisantes pour l'identifier, en espérant du moins que vous l'ayez retrouvée. Vous pouvez communiquer avec moi au numéro de téléphone suivant : 385-1414.

Merci de l'attention que vous voudrez bien porter à ma demande et je vous prie de recevoir l'assurance de toute ma considération.

Maurice Vigneault
(adresse)

À DES AMIS
OU DES VOISINS

67- Reproche à un voisin

Monsieur Simard,

J'ai toujours entretenu des rapports cordiaux avec mes voisins et je souhaite qu'il en soit ainsi à l'avenir. J'aurais d'ailleurs préféré vous parler de vive voix du problème qui se présente aujourd'hui, mais nos horaires respectifs nous empêchent de nous croiser régulièrement. Je choisis donc, en toute bonne foi, de vous écrire ce petit mot.

Vous avez planté, il y a de cela quelques jours, une lisière d'arbustes en bordure de votre propriété mais il me semble que vous n'avez pas respecté la limite légale qui sépare nos terrains. Comme cette haie vous appartient, je ne voudrais pas en être responsable et je vous demanderais donc, pendant qu'il en est encore temps, de la déplacer d'un pied pour qu'elle n'empiète pas sur mon terrain.

Je conçois bien que cela représentera un travail supplémentaire, mais vous conviendrez que je n'y suis pour rien si vous avez fait cette erreur. Si vous m'aviez consulté au préalable, nous aurions pu évaluer ensemble l'endroit exact où cette haie devait être plantée.

Je vous remercie de prendre en considération cette demande de ma part et j'espère que nous conserverons longtemps des rapports harmonieux.

Votre voisin,

Jean Lassonde

68- Excuses après un emportement

Cher Pierre,

Notre longue amitié a toujours été quelque chose de très précieux pour moi et je ne voudrais, pour rien au monde, qu'elle soit mise en péril par un différend comme celui qui nous a opposés hier soir.

Je m'empresse donc de m'excuser et de t'avouer bien sincèrement que les mots ont dépassé ma pensée. Je sais bien que j'aurais dû garder mon calme et discuter sereinement avec toi. J'ose à peine mettre tout cela sur le compte des quelques bières que nous avons prises. Mon attitude était déplacée de toute façon et j'espère que cela ne se reproduira plus.

Il ne faudrait pas que notre amitié souffre de cet emportement de ma part et je souhaite que nous ayons l'occasion de nous revoir le plus rapidement possible pour faire le point de vive voix.

Crois bien, cher Pierre, que je regrette profondément ce qui s'est passé et que je tiens à notre amitié du plus profond de mon coeur.

À bientôt,

Jacques

69- Excuses pour l'absence à un rendez-vous

Monsieur,

Vous m'aviez donné rendez-vous pour 16 heures lundi dernier et, malheureusement, je l'avais complètement oublié. Je l'avais pourtant noté dans mon agenda mais, comme il m'arrive quelquefois, je ne l'ai pas ouvert ce jour-là.

J'espère que vous ne m'en voulez pas trop et je vous suggère que nous reportions cette rencontre lundi prochain à la même heure, si cela vous convient. Je vous assure que, cette fois, je serai fidèle à notre rendez-vous.

J'attends de vos nouvelles dans les prochains jours et vous prie d'accepter mes plus sincères excuses.

Jean Larouche
(téléphone)

70- Réconciliation entre amis

Chère Louise,

Tu as sans doute toutes les raisons du monde de m'en vouloir après ce qui est arrivé entre nous et je comprends bien que tu n'aies pas le goût de communiquer avec moi.

Je veux toutefois te dire que notre amitié est précieuse pour moi et que je souhaite ardemment rentrer dans tes bonnes grâces le plus rapidement possible. Entre deux personnes de bonne volonté, il est sans doute possible de rétablir la situation et cette lettre n'a d'autre but que de provoquer ce rapprochement.

Je te suggère donc que nous nous rencontrions samedi prochain pour un souper en tête-à-tête au cours duquel nous pourrions avoir une conversation sérieuse sur ce qui nous oppose. Je suis certain qu'un terrain d'entente pourrait être trouvé.

Si tu m'en veux au point de ne pas croire en ma sincérité, sache bien que je ne t'en voudrai pas mais que j'en serai toutefois fort déçu. En souhaitant que ma démarche ne restera pas lettre morte, j'attends de tes nouvelles au cours des prochains jours.

Avec toute mon amitié,

Bruno

71- Félicitations pour un nouvel emploi

Cher Maurice,

Je viens d'apprendre que tu as obtenu la promotion que tu recherchais depuis quelques mois et tu m'en vois fort heureux. C'est un poste que tu méritais amplement et je suis persuadé que ton employeur n'aura pas à regretter sa décision.

J'espère que tu seras heureux dans tes nouvelles fonctions, qu'elles te permettront de faire valoir tes grandes qualités mais, en même temps, qu'elles ne t'accapareront pas au point de nous empêcher de nous voir de temps à autre comme nous le faisions jusqu'ici. Notre relation m'est précieuse et je voudrais qu'elle se maintienne pendant de longues années encore.

Encore une fois, mes plus sincères félicitations et mes meilleurs voeux de succès et de bonheur.

Amicalement,

Lucien

72- Félicitations pour une réussite professionnelle

Cher Luc,

Tes parents m'ont appris que tu venais de signer un contrat important avec une entreprise américaine pour l'exportation de meubles. Je tenais à te féliciter chaleureusement de cette réussite qui te permettra sans doute de donner un nouveau coup d'envoi à ton entreprise.

Je te félicite mais, en même temps, je suis en mesure de savoir que ce n'est pas là une question de chance. Ton travail acharné au cours des derniers mois aura enfin donné les résultats que tu espérais et tu le mérites bien.

J'espère néanmoins que la tâche considérable que tu devras accomplir pour mener à bien cette entreprise ne t'empêchera pas de consacrer un peu de temps à tes vieux amis comme tu as toujours su si bien le faire.

Bonne chance. En toute amitié,

Philippe

73- Vœux d'anniversaire à une amie

Chère Brigitte,

Chaque année, à l'approche de ton anniversaire, mes pensées se tournent vers toi et je me prends à regretter que la vie nous ait ainsi séparés.

Je tiens à t'offrir mes meilleurs vœux de bonheur et de joie ainsi que tout le succès que tu mérites dans ta vie professionnelle.

J'espère que, d'ici peu, nous aurons l'occasion de nous voir et que je pourrai alors te réitérer ces vœux de vive voix et t'embrasser bien sincèrement.

Tu peux toujours compter sur moi si jamais tu connais certains moments de découragement. Écris-moi, téléphone-moi, viens me voir. Je te promets d'être attentif comme tu l'as déjà été à mon égard. C'est un geste de ta part que je n'oublierai jamais.

Je t'embrasse affectueusement et j'attends avec impatience de tes nouvelles.

Roger

74- Vœux d'anniversaire à un fils

Cher Pierre,

J'aurais préféré te souhaiter un bon anniversaire de vive voix, mais comme tes études te tiennent éloigné de la maison, je t'envoie ce petit mot.

Je pense souvent que la vie est bien cruelle de séparer ainsi des gens qui s'aiment et quand il s'agit de notre fils, la chose m'apparaît plus cruelle encore. On dit souvent qu'on ne voit pas grandir ses enfants et c'est une réalité à laquelle on n'échappe pas. Je n'y ai pas échappé non plus.

Mais laissons de côté ces tristes considérations et permets-moi de t'offrir mes meilleurs vœux pour ce dix-neuvième anniversaire. Je souhaite que la vie te réserve les plus belles surprises au cours de la prochaine année, que tous tes désirs se réalisent et que tu continues de grandir dans la joie et la sérénité.

Je pense souvent à toi, tu peux me croire, et j'attends toujours impatiemment ta prochaine visite. Tu sais que tu peux toujours compter sur ton père et moi si quelque problème se présente. Nous serons là pour t'encourager et t'aider dans la mesure de nos moyens.

À très bientôt, cher Pierre. Ta mère qui t'aime et t'embrasse tendrement,

Jacinthe

75- Vœux d'anniversaire pour une mère ou un père

Cher papa,

Dommage que je sois si loin de la maison car j'aurais bien aimé t'offrir mes meilleurs vœux de vive voix à l'occasion de ton anniversaire.

J'en profite pour te dire combien maman et toi me manquez et pour te dire que je pense souvent à vous. La vie a voulu que nous soyons séparés plus vite qu'on l'aurait souhaité mais il fallait bien qu'un jour ou l'autre cela se fasse. Dans mon cas, c'était une question d'études universitaires et cela, vous l'avez bien compris, je pense.

Je compte vous rendre visite le mois prochain et nous en profiterons, je l'espère, pour échanger sur ce que la vie nous réserve de bonnes et belles choses.

En attendant, permets-moi de te souhaiter un joyeux anniversaire et une belle année toute pleine de joie, de bonheur et de santé. Porte-toi bien et embrasse maman pour moi.

Ton fils,

Simon

76- Invitation aux parents du futur conjoint de son enfant

Madame et monsieur Leclerc,

Votre fils et notre fille nous ont annoncé la semaine dernière leur intention de se marier au cours de l'été qui vient. Mon mari et moi en sommes heureux et nous leur avons souhaité tout le bonheur auquel ils ont droit.

Malgré leurs longues fréquentations, l'occasion ne s'est jamais présentée pour que nous nous rencontrions et nous voudrions corriger cette situation dès maintenant.

Nous avons donc pensé vous inviter à souper samedi prochain en compagnie de Diane et de Jean, ce qui nous donnera la chance de nous connaître un peu avant le mariage.

Nous serions enchantés que vous acceptiez cette invitation sans plus de cérémonie et nous attendons votre réponse avec impatience. Si vous êtes occupés samedi prochain, nous pourrions vous recevoir le samedi suivant si cela vous convient mieux.

Avec nos salutations distinguées,

Simone et Marcel Lefebvre

77- Annonce d'un mariage à une amie

Chère Annie,

J'ai une grande nouvelle à t'annoncer. Tu dois déjà t'en douter, je le sais. Eh bien voilà, c'est fait : Serge et moi avons pris la décision de nous marier au cours de l'été qui vient.

Après nos longues fréquentations et près d'un an de vie commune, nous avons décidé de faire un pas de plus et d'unir nos vies «pour le meilleur et pour le pire», comme on dit. Nous nous aimons assez et nous croyons tellement à notre relation que nous désirons maintenant l'officialiser aux yeux de tous.

J'espère que tu seras heureuse de cette bonne nouvelle et je tenais à ce que tu sois la première à l'apprendre puisque même nos parents ne sont pas encore au courant. Tu es aussi la première que j'invite officiellement pour ce grand jour.

Lors d'une prochaine rencontre, je pourrai te raconter en détail les motifs de notre décision. J'ai bien hâte de t'en faire part et de connaître tes sentiments face à tout cela.

Une amie très chère qui tient à notre amitié vieille de nombreuses années,

Madeleine

78- Réponse de l'amie

Chère Madeleine,

Comme tu m'as fait plaisir en m'annonçant votre décision! Je ne te surprendrai pas en te disant que je la sentais venir depuis un bon moment déjà. Je suis bien heureuse pour toi et Serge et je vous souhaite dès aujourd'hui tout le bonheur que vous méritez.

Comme toi, j'ai confiance que vous vivrez une longue et heureuse relation qui sera, je l'espère, couronnée par l'arrivée prochaine de quelques beaux enfants.

Je tiens aussi à te dire que notre vieille amitié ne sera pas le moins du monde amoindrie. Au contraire, je souhaite que nous ayons souvent l'occasion de nous voir toutes les deux, et avec Serge bien entendu.

Je suis heureuse que tout cela t'arrive et permets-moi de rêver du jour où, à mon tour, je pourrai t'annoncer une nouvelle aussi emballante.

Ton amie pour toujours,

Annie

79- À un ami gravement malade

Cher André,

J'ai appris avec tristesse de bien mauvaises nouvelles à ton sujet. Te voilà alité et souffrant depuis plusieurs semaines et on me dit que tu pourrais en avoir pour un long moment encore.

Je veux t'offrir toute ma compassion, te dire que je pense souvent à toi et espérer que tu auras le courage qu'il faut pour passer à travers cette épreuve. Je te connais depuis assez longtemps déjà pour savoir que tu possèdes la force qu'il faut pour y parvenir et tu peux compter sur tout mon support moral.

J'ai d'ailleurs l'intention d'aller te voir d'ici peu, aussitôt que mes obligations me permettront de me rendre à Québec. Tu seras, crois-le bien, le premier à qui je rendrai visite.

En attendant, prends courage et sois sûr qu'il y a, pas très loin de toi, quelqu'un qui pense à toi tous les jours, qui t'encourage et qui te souhaite un prompt rétablissement.

Amicalement,

Daniel

80- À l'épouse d'un ami malade

Chère Claire,

Mes parents m'ont appris qu'André était gravement malade et que tu te retrouvais seule pour t'occuper de la maison et des enfants. Ils m'ont dit combien tu faisais preuve de courage dans cette épreuve et je n'ai pu que penser que je te reconnaissais bien là.

Je veux quand même t'offrir mon aide, malgré la distance qui nous sépare, pour le jour où tu auras besoin de réconfort moral ou, de façon plus terre-à-terre, d'aide physique ou financière.

N'hésite pas à me téléphoner ou à m'écrire si tu sens le besoin d'exprimer ta détresse et que tu as besoin d'encouragement. Je te promets que tu trouveras chez moi une oreille attentive et, dans la mesure de mes moyens, quelques conseils pour t'aider à reprendre le dessus.

Je comprends que c'est bien peu, mais si cela peut t'être de quelque secours, je le ferai de tout mon coeur en souvenir de notre longue amitié.

Prends courage, ma chère Claire, et sache bien qu'il y a, quelque part, quelqu'un qui est prêt à t'aider du mieux qu'il peut. Je pense à toi et à André et j'espère que cette malheureuse épreuve prendra fin le plus rapidement possible.

Je t'embrasse tendrement,

Daniel

81- À un enfant malade

Cher Jacquot,

Ta mère m'a appris que tu étais à l'hôpital depuis quelques jours et que la maladie te faisait souffrir plus que tu ne le mérites. Je tenais à t'écrire ce petit mot pour te dire que je pense à toi souvent et que je souhaite que tu recouvres la santé le plus rapidement possible.

J'aimerais bien être auprès de toi pour t'encourager davantage, mais tu sais que mon travail m'empêche d'être à Montréal aussi souvent que je le voudrais. Aussitôt que je le pourrai, je te rendrai visite, c'est une promesse.

En attendant, je t'envoie ce petit cadeau, un livre qui, je l'espère, t'aidera à sourire et à oublier ton mal pendant quelques instants. Si tu ne te sens pas la force de le lire toi-même, demande à tes visiteurs de t'en lire quelques pages chaque jour. J'ai bien hâte de pouvoir le faire moi-même.

Prends courage mon grand, il y a des jours meilleurs devant toi.

Ta tante Brigitte qui t'embrasse.

82- Remerciements pour un cadeau à l'occasion d'une naissance

Chère Pierrette, cher Lucien,

Maurice et moi avons été très heureux pour ce beau cadeau que vous nous avez offert à l'occasion de la naissance de Charlotte. Elle sera magnifique dans ce petit vêtement et nous avons bien hâte qu'elle soit assez grande pour le porter. Ça ne devrait prendre que quelques mois car elle était déjà d'une bonne taille et d'un bon poids à sa naissance.

L'accouchement s'est très bien passé et, deux jours plus tard, j'étais de retour à la maison avec Maurice. Inutile de vous dire que nous trouvons les nuits particulièrement difficiles puisqu'il faut nous lever deux ou trois fois pour la nourrir. Heureusement, nous savons que ce n'est qu'une courte période à passer et que, bientôt, nous pourrons dormir des nuits normales.

Nous avons bien hâte de vous la présenter et nous espérons que vous pourrez nous rendre visite très prochainement. Vous savez que vous êtes toujours les bienvenus, même si c'est à l'improviste.

En attendant de vous revoir, sachez que nous pensons souvent à vous et que nous sommes très heureux de compter sur des amis aussi attentionnés que vous.

Encore une fois merci et à bientôt,

Marie-Claude

83- Remerciements pour un cadeau à l'occasion d'un mariage

Chère Michèle,

Tu ne peux savoir le plaisir que ton cadeau nous a fait à Robert et à moi. Je me doutais bien que tu penserais à nous le jour de notre mariage et ta délicatesse en est la preuve la plus tangible.

Tu as fait preuve d'un goût exquis et ce vase occupera une place de choix dans notre nouvel appartement. Nous penserons ainsi souvent à toi.

Je regrette de ne pas avoir pu t'accorder plus d'attention au cours de la noce, mais je sais que tu comprendras que les circonstances m'obligeaient à aller de l'un à l'autre sans arrêt. Ne t'en fais pas, nous nous reprendrons.

Robert et moi avons l'intention d'organiser pour bientôt une petite soirée où seuls quelques amis seront invités. Tu seras l'une des premières à le savoir et à être invitée. J'espère que tu pourras être des nôtres.

En attendant de te revoir, je te remercie encore et te transmets les salutations de Robert.

À bientôt,

Geneviève

84- Remerciements pour un cadeau à l'occasion d'un déménagement

Cher Étienne,

Je ne m'attendais pas à recevoir de cadeaux à l'occasion de mon déménagement et je dois te dire que ton geste m'a beaucoup touchée. J'ai reconnu là l'ami sincère que je connais depuis tant d'années.

Ce tableau occupera une place de choix dans mon salon. Mais, au fait, comment savais-tu que Jean-Paul Lemieux était l'un de mes peintres préférés? Il faut croire que l'amitié permet aussi de découvrir de telles choses sans que nous ayons à nous les dire.

Dès que je serai installée, j'ai bien l'intention de t'inviter à souper pour te faire visiter mon nouveau chez-moi et pouvoir passer une soirée agréable en ta compagnie. Nous pourrons jaser comme nous avions si souvent l'occasion de le faire il n'y a pas si longtemps.

Je te salue amicalement, cher Étienne, et te remercie une fois encore pour ta délicate attention.

Je t'embrasse,

Ginette

85- Remerciements pour service rendu

Cher Marc,

Je tenais à t'écrire ce petit mot pour te remercier de l'aide tant physique que psychologique que tu m'as apportée tout au long de la pénible épreuve que je viens de vivre.

J'étais bien conscient de la solide amitié qui nous unissait, mais je ne m'attendais pas à ce qu'elle prenne une forme aussi tangible. Elle était d'autant plus la bienvenue que tu es le seul à l'avoir manifestée aussi efficacement.

J'espère qu'un jour j'aurai l'occasion de faire preuve d'une pareille attention à ton égard sans pour autant souhaiter que tu aies à vivre ce que j'ai connu.

Merci, cher Marc, et sache bien que tu pourras toujours compter sur moi et sur notre indéfectible amitié que tu viens de solidifier par ton geste pour de nombreuses années à venir.

À bientôt,

Simon

86- Remerciements pour une qualité de relation

Très chère Marie,

Cette lettre va peut-être te surprendre mais voilà longtemps que je désirais t'exprimer de façon concrète combien j'apprécie la qualité de notre amitié. Ce n'est pas toujours très facile à exprimer quand nous nous rencontrons et que nous nous engageons dans des discussions profondes.

Tu es la seule avec qui je puisse tout à la fois «changer le monde» et porter un regard en profondeur sur celle que je suis. Cela m'aide énormément dans ma démarche actuelle et je voulais que tu saches combien je l'apprécie.

Je ne m'étendrai pas plus longtemps sur le sujet. C'est là l'essentiel de ce que j'avais à te dire et je tenais à ce que cela soit dit concrètement. Tu pourras toujours compter sur mon amitié comme je sais que je pourrai toujours compter sur la tienne.

À bientôt chère Marie,

Jacinthe

87- Vœux du Nouvel An aux parents

Chers parents,

Pour la première fois cette année, nous ne pourrons pas fêter l'arrivée de la nouvelle année ensemble. Les circonstances font en sorte que je doive demeurer ici quelque temps encore plutôt que d'être auprès de vous.

Je tiens quand même à vous souhaiter la plus merveilleuse des années. Qu'elle soit remplie de joie, de bonheur et de paix. Que l'excellente santé que vous maintenez tous les deux se prolonge non seulement tout au long de cette année qui vient mais pendant de longues années encore.

Sachez que je pense à vous tous les jours et qu'il me tarde de vous embrasser très prochainement, d'ici quelques semaines tout au plus.

Portez-vous bien et soyez heureux.

Votre fils qui vous aime,

Félix

88- Vœux du Nouvel An à une amie

Chère Lucie,

Comme nous n'aurons pas l'occasion de nous voir au cours de la période des Fêtes, je tenais à t'offrir mes meilleurs vœux pour l'année qui vient en t'écrivant ce petit mot.

Je te souhaite toutes les meilleures choses du monde : de la joie, du bonheur, de l'amour, du succès et une excellente santé. Autant de choses que tu mérites pour tous les jours de ta vie.

J'espère que nous aurons l'occasion de nous revoir le plus tôt possible.

Amicalement,

Michel

89- Annonce d'un décès à un membre de la famille

Chère tante Alice,

J'aurais voulu vous écrire pour une tout autre raison mais, hélas, la nouvelle que j'ai à vous annoncer n'est pas des plus réjouissantes. Papa est mort cette nuit durant son sommeil.

Vous saviez depuis longtemps déjà qu'il était très malade mais rien ne laissait croire que son cœur flancherait ainsi. Cela nous a d'autant plus surpris nous-mêmes qu'il semblait prendre un peu de mieux depuis quelques jours. Ce n'était sans doute qu'une forme de rémission avant que la mort ne nous l'enlève.

Malgré le soulagement de ne plus le voir souffrir, maman et nous, les enfants, sommes bien tristes qu'il nous ait quittés. Nous tentons, du mieux que nous le pouvons, de réconforter notre mère et il faudra compter sur le temps pour qu'elle s'en remette un peu. Dans la mesure où l'on peut se remettre jamais de la mort d'un époux et d'un père.

Nous n'ignorons pas combien vous étiez près de votre frère et je ne sais que vous dire pour tenter de soulager votre tristesse. Nous devrons donc la partager ensemble et garder de lui le meilleur souvenir possible.

Je vous embrasse affectueusement,

Votre nièce,
Marie-Michèle

90- Condoléances à un parent

Très chère Marthe,

Je viens de recevoir la lettre de ta fille qui m'annonce la mort d'Émile. J'en étais, tu l'imagines bien, très attristée mais ma première pensée a été pour toi qui dois vivre, en ce moment, des heures fort pénibles.

Je sais bien que tout ce que je pourrais te dire n'arriverait pas à te soulager, alors permets-moi de partager ta peine dans cette difficile épreuve. Tu sais comme j'étais attachée à mon frère et son départ creusera un trou immense dans ma vie.

Je veux quand même garder de lui le souvenir d'un homme d'une grande bonté qui savait aussi nous faire rire à tout instant et sur lequel nous pouvions compter en tout temps. C'est cette image de lui que j'essaierai de conserver et il demeurera toujours présent dans mon cœur.

Pense à toi, chère Marthe, et aux enfants. Je te souhaite d'avoir tout le courage nécessaire pour passer à travers ce dur moment et sache bien que je suis de tout coeur avec toi. Je me sens, aujourd'hui, bien loin de vous tous.

Transmets mes plus sincères condoléances à tes beaux enfants et assure-les qu'il y a, pas si loin, quelqu'un qui les aime et qui pense à eux.

Je t'embrasse,

Alice

91- Annonce d'une rupture

Cher Bernard,

Je te dois bien quelques explications après notre rencontre d'hier soir. Tu n'as pas été s'en te rendre compte que quelque chose avait changé entre nous. Tu me trouvais froide, distante, et tu avais bien raison, malheureusement.

Je devine que cette lettre ne va pas te faire plaisir mais je ne peux pas jouer la comédie plus longtemps. Je pense qu'il est préférable de nous éloigner l'un de l'autre quelque peu. Il y a plusieurs semaines que j'y pense et j'ai beau retourner les choses dans ma tête sans arrêt, rien ne me laisse croire que notre situation pourrait se rétablir.

Je sais que tu es plein de bonne volonté et c'est sans doute cela même qui m'étouffe. Je suis profondément désolée d'avoir à t'écrire cela. J'aurais préféré pourtant que tout puisse continuer comme avant, mais c'est impossible.

Est-ce que j'ai changé ou étais-je aveuglée par l'amour? Je n'en sais rien et, à vrai dire, je n'ai pas l'intention de chercher une réponse.

Pardonne-moi de te faire ainsi de la peine mais cette séparation nous fera, du moins je l'espère, autant de bien à l'un qu'à l'autre. Peut-être qu'un jour nous pourrons nous revoir et espérer bâtir une relation sur des bases autres que l'amour.

Merci de tout ce que tu as fait pour moi au cours des dernières années. Sache que je l'ai apprécié et que je garderai de très beaux souvenirs de ce que nous avons vécu ensemble.

Je t'embrasse,
Monique

92- Réponse à une lettre de rupture

Chère Monique,

Même si je sentais que tu désirais t'éloigner de moi depuis quelque temps, j'étais loin de me douter que tu prendrais une telle décision et de façon aussi subite et radicale.

Je pourrais m'acharner et lutter pour te reconquérir, mais ta lettre est très claire et je ne pense pas que cela donnerait les résultats escomptés. Ce serait, tout au plus, retarder l'échéance et nous faire souffrir un peu plus pour rien.

Aussi bien m'en faire à l'idée dès à présent et respecter la décision que tu as prise. Je suis bien triste d'avoir à réagir ainsi. J'aurais tellement voulu que les choses se déroulent autrement. Toi aussi sans doute. Je regrette de n'avoir pas été vigilant et d'avoir trop voulu te garder toute pour moi.

Chère Monique, je n'essaierai pas de te revoir pendant quelques mois, mais je te dis tout de suite que je m'ennuie déjà de toi et que cette rupture sera difficile à oublier.

Je te souhaite de retrouver ta joie, celle que tu manifestais de façon si spontanée au début de notre relation mais que je voyais s'effriter un peu plus chaque jour. Sois heureuse, Monique, et sois sûre que je serai toujours là si tu as besoin de mon aide.

Je t'embrasse affectueusement,

Bernard

93- Annonce d'une rupture à une amie

Chère Louise,

Tu avais été très perspicace lors de notre dernière rencontre en remarquant que je ne semblais plus très heureuse avec Bernard. J'avais bien tenté de te convaincre qu'il en était rien et que tout allait pour le mieux. Hélas, tu avais bien raison.

Depuis plusieurs mois, notre relation se détériorait un peu plus chaque jour et, malgré mes efforts, rien ne pouvait plus la sauver. J'ai donc annoncé à Bernard qu'il serait préférable de nous quitter.

Je ne l'ai pas fait sans un certain pincement au coeur sachant que je lui ferais de la peine mais ma santé psychologique en dépendait. Je ne pouvais plus supporter le mal que je ressentais à chacune de nos rencontres. C'est ce qui m'a résolu à en finir le plus rapidement possible.

Bernard semble avoir accepté ma décision avec toute la force que nous lui connaissons, mais je sais qu'il doit en être profondément attristé. De mon côté, je suis triste également mais je ne regrette pas d'être passée aux actes.

Je sais que je pourrai compter sur toi dans les moments les plus pénibles et c'est pourquoi j'ai voulu que tu sois l'une des premières à être au courant. J'aimerais d'ailleurs qu'on se rencontre le plus tôt possible pour discuter de tout cela. Tu seras sans doute plus à l'aise maintenant pour me dire ouvertement ce que tu pensais de notre relation. J'espère que je peux toujours compter sur toi.

Une amie qui aurait bien besoin de ton aide,

Monique

94- Réponse de l'amie

Chère Monique,

Je ne sais pas si c'est une question de perspicacité mais c'est vrai qu'il m'a semblé évident, lors de notre dernière rencontre, que les choses n'allaient plus très bien avec Bernard. Tu n'étais plus l'amie rieuse que j'avais l'habitude de connaître. Tu me paraissais songeuse, distante et triste, surtout lorsqu'il était présent.

J'avais bien mes petites idées sur la qualité de votre relation mais tu comprendras que, malgré mon attachement pour toi, il m'était difficile de m'immiscer dans vos affaires de coeur. Le temps m'aura donné raison : ça devait bien finir un jour.

Oui, chère Monique, tu peux toujours compter sur moi si tu as besoin de te faire remonter le moral et même pour faire le point sur ce que tu as vécu. Je serais bien heureuse de discuter de tout cela avec toi, quand tu seras prête et que tu en ressentiras le besoin.

N'hésite pas à me téléphoner ou à m'écrire de nouveau si tu en sens le besoin. Je serai toujours présente pour toi et j'essaierai d'être d'une écoute attentive. Entre amies, on se doit bien cela.

Porte-toi bien et essaie de découvrir les beaux côtés de ta nouvelle vie malgré ta peine.

À bientôt,

Louise

95- Annonce d'une rupture à ses parents

Chers parents,

Si je vous écris aujourd'hui, ce n'est pas, comme à mon habitude, pour vous demander de vos nouvelles et vous transmettre des miennes concernant ma vie ici et le déroulement de mes affaires.

C'est plutôt pour vous annoncer une nouvelle qui, je le sais, n'aura rien pour vous réjouir. Colette et moi avons décidé de nous séparer après dix années de vie commune. Depuis plus d'un an déjà, rien n'allait bien entre nous et, malgré tous nos efforts réciproques, les choses n'ont pas pu s'arranger.

Nous en sommes donc arrivés à la conclusion qu'une séparation était la meilleure solution pour chacun de nous car il devenait impossible de vivre ensemble dans un état de tension perpétuelle. N'allez surtout pas croire qu'il s'agit d'un caprice. C'est malheureusement la triste réalité.

Je tenais à vous l'annoncer avant que le bruit ne se répande pour vous éviter le choc de l'apprendre par quelqu'un d'autre. Je sais que vous aurez de la peine car vous aimiez bien Colette, mais sachez bien que j'en ai aussi et que nous n'avons pas pris cette décision de gaieté de coeur.

À ma prochaine visite à la maison, j'aurai l'occasion de vous donner plus de détails sur notre démarche commune. En attendant, tâchez de ne pas trop vous en faire pour moi. Ma peine est grande mais je suis sûr que je retrouverai bientôt la joie, une joie que je ne connaissais plus depuis de longs mois.

Je vous embrasse affectueusement,

Simon

96- Réponse des parents

Cher Simon,

Bien sûr nous avons reçu l'annonce de ta séparation avec surprise et cela nous a beaucoup attristés. Il est vrai que nous aimions Colette comme notre fille puisqu'elle faisait partie de la famille depuis de longues années.

Mais nous avons surtout pensé à la peine que vous devez ressentir en mettant fin à cette union qui nous semblait promise à un bel avenir. Nous n'avons pas à juger votre décision. Vous êtes des adultes et vous savez sans doute ce qui est le mieux pour vous.

Si tu le veux bien, transmets à Colette toute notre affection et dis-lui qu'elle sera toujours la bienvenue chez nous malgré ce triste dénouement. Nous serions heureux de la revoir quand cela lui conviendra.

Quant à toi, cher fils, nous ne pouvons que t'encourager à être fort dans cette épreuve de laquelle, nous le savons, tu sortiras grandi et plus heureux. Encore faut-il que le temps cicatrise tes plaies. Si nous pouvons être de quelque secours, tu sais que nous sommes toujours là pour t'aider. N'hésite pas à nous écrire de nouveau et viens nous voir le plus souvent possible. Nous nous ennuyons de toi et pensons souvent à toi.

Tes parents qui t'aiment.

AFFAIRES PERSONNELLES

97- Demande de renseignements à un avocat

Me Jean Dulude,

J'ai l'intention d'engager des procédures en divorce dans les prochaines semaines et je suis à la recherche d'un avocat pour me représenter. Je m'adresse donc à vous pour savoir s'il s'agit là d'un domaine dans lequel vous exercez habituellement ou s'il serait préférable que je m'adresse à l'un de vos confrères. Dans cette éventualité, sauriez-vous m'en conseiller un?

Si vous acceptez de vous charger de cette affaire, quels honoraires professionnels devrais-je m'attendre à payer? Selon mes prévisions, il s'agirait d'une cause assez simple à régler puisqu'il n'y a pas d'enfants dans notre couple et que nous avons tous les deux des emplois équivalents. Seuls les biens matériels devraient donc être partagés.

Avez-vous le temps de vous occuper de ma cause?

Vous remerciant de l'attention que vous porterez à cette demande, je vous prie d'agréer, Maître, l'assurance de ma considération distinguée.

Michel Laurent
(adresse)
(téléphone)

98- Demande de renseignements à un avocat au sujet d'une affaire en cours

Me Daniel Lemieux,

Depuis quelques mois, vous êtes chargé de me représenter dans un litige m'opposant à mon voisin au sujet des limites de nos propriétés respectives. Au début, les choses semblaient aller rondement, mais voilà que je n'ai plus de nouvelles de vous depuis plusieurs semaines.

Auriez-vous l'obligeance de communiquer avec moi, par la poste ou par téléphone, pour me faire savoir où en est mon dossier dans cette histoire. Dois-je m'attendre à ce que l'affaire soit conclue à l'amiable ou devrons-nous nous présenter devant un juge pour obtenir satisfaction?

J'aimerais aussi savoir quels honoraires professionnels vous me facturerez pour le travail que vous avez effectué jusqu'à maintenant. Et vos prévisions pour les démarches à venir.

Je vous remercie de l'attention que vous voudrez bien porter à ma demande et vous prie de croire, Maître, à mes sentiments les meilleurs.

Lionel Fortin
(adresse)
(téléphone)

99- Contestation d'honoraires professionnels

Me Jean Ducharme,

Je viens de recevoir le relevé de vos honoraires professionnels que vous me facturez dans la cause m'ayant opposé à mon ex-employeur. Inutile de vous dire que j'ai été surpris de constater le total que vous exigez et le détail des interventions que vous prétendez avoir dû faire pour mener ma cause à bien.

Ainsi, vous me réclamez un certain montant sous la rubrique «recherche de documents», alors que je vous les ai tous fournis personnellement lors de notre première rencontre.

Sous la rubrique «communications», le montant est également impressionnant. De quelle sorte de communications s'agit-il? Serait-ce les appels téléphoniques à l'avocat de la partie adverse?

Votre facture est d'autant plus salée que j'ai à peine touché 10 000 $ pour la perte de mon emploi. Avez-vous établi votre facture en fonction de cette décision judiciaire?

En conséquence, Maître, je n'acquitterai pas ce compte immédiatement et je sollicite une rencontre pour que nous l'analysions dans ses moindres détails.

Je vous prie de recevoir, Maître, l'assurance de mes sentiments respectueux.

Jocelyn Leclerc
(téléphone)

100- Contestation d'un rappel de paiement

Monsieur,

Le mois dernier et hier encore, j'ai reçu par la poste des avis de paiements en retard pour les travaux de plomberie que vous avez exécutés chez moi en septembre dernier.

Je vous prierais de bien vérifier dans vos livres de comptabilité puisque j'ai bel et bien acquitté cette facture le jour même où les travaux ont été terminés. Pour preuve, je vous fais parvenir une photocopie du chèque que je vous avais alors remis et dont le montant a été débité de mon compte à la caisse populaire deux jours plus tard.

J'espère que cela replacera les choses entre nous et que je n'aurai pas d'autres démarches à faire pour vous le rappeler. De toute façon, j'ai bien l'intention d'ignorer tout simplement les avis ultérieurs que vous me feriez parvenir.

Cela étant dit, sachez que je suis très satisfait des travaux que vos employés sont venus effectuer chez moi et, si l'occasion se présente, je m'adresserai encore à votre entreprise pour tout travail de plomberie.

Avec mes salutations distinguées,

Norbert Richard

101- Demande d'intervention à une corporation professionnelle

Madame, Monsieur,

J'ai fait affaire avec Me Jean Dutronc, notaire, pour régler les modalités d'achat d'une maison et, malgré mes appels répétés, le marché n'est pas encore conclu. Il me répète sans cesse qu'il a beaucoup de dossiers en cours et qu'il lui manque encore certains documents pour préparer les contrats de vente.

J'aimerais donc faire appel à votre corporation pour que vous fassiez pression auprès de lui afin qu'il accélère les choses et que je puisse devenir propriétaire dans les plus brefs délais. J'attends la conclusion de cette transaction pour emménager dans ma nouvelle maison et je dois quitter le logement que j'occupe avant la fin juin.

Je vous remercie de l'attention que vous voudrez bien porter à ma demande et vous prie de croire, Madame, Monsieur, à mes sentiments respectueux.

Lucien Filion
(adresse)
(téléphone)

102- Plainte à une corporation professionnelle

Monsieur le président,

Je désire porter plainte officiellement contre Me Jean Dutronc, notaire, pour la façon dont il a traité mon dossier lors de l'achat de ma propriété.

Je suis tout à fait mécontent de la lenteur qui a été la sienne dans l'exécution du mandat que je lui avais confié et je conteste les honoraires professionnels qu'il croit maintenant devoir me facturer.

À cause de sa lenteur, j'ai dû quitter mon logement et loger à mes frais à l'hôtel pendant trois semaines en plus d'avoir à faire entreposer mes meubles pendant le même temps. La facture d'hôtel s'élève à plus de 1 500 $ et l'entreposage à 300 $.

Je ne vous donnerai pas ici les détails concernant les honoraires professionnels car je préfère en discuter devant votre comité de déontologie. Veuillez me faire savoir si cette lettre est suffisante pour porter plainte ou si je dois remplir des formulaires prévus à cette fin.

J'attends avec impatience des nouvelles de votre corporation et je serais prêt, en tout temps, à rencontrer les responsables des plaintes contre vos membres.

Veuillez recevoir, Monsieur le président, l'assurance de mes sentiments les meilleurs.

Louis Chevalier
(adresse)
(téléphone)

103- Demande de transfert de dossier, motif : insatisfaction

Me Serge Lajeunesse,

Depuis que vous avez entre les mains la responsabilité de la cause m'opposant à mon voisin, rien ne semble avoir évolué. Malgré mes appels répétés, vous n'avez pas bougé.

J'ai donc résolu de faire appel à un autre avocat et vous prierais de lui faire parvenir tous les documents que je vous ai remis concernant ce litige et, s'il en existe, ceux que vous auriez pu obtenir depuis.

Il s'agit de:
    Me Jean-Paul Lavallée
    (adresse)

Si vous croyez devoir me facturer des honoraires professionnels pour le peu de choses que vous avez pu faire, Me Lavallée sera mon intermédiaire dans cette affaire également. Veuillez donc vous adresser directement à lui.

J'espère que vous agirez avec célérité pour que mon dossier ne piétine pas plus longtemps.

Raymond Lemay
(adresse)

104- Demande de transfert de dossier, motif : déménagement

Docteur Charles Thifault,

Je suis déménagée à Québec le mois dernier et je ne pourrai donc plus faire appel à vos précieux services lorsque j'aurai des problèmes de santé. Puisque mon état nécessite un suivi constant, je me suis empressée de me trouver un nouveau médecin près de chez moi et je vous prierais de lui faire parvenir, le plus rapidement possible, mon dossier ou copie de celui-ci afin qu'il soit bien au courant de mes problèmes.

Il s'agit de :
    Docteur Alfred Lachance
    (adresse)

Je tiens à vous remercier de toute l'attention que vous m'avez manifestée au cours des cinq dernières années et soyez assuré que je n'hésiterai pas à vous recommander à mes parents et amis qui se chercheraient un médecin à Montréal.

Veuillez croire, Docteur, à ma plus grande considération.

Germaine Hotte
(adresse)

105- Signature d'un bail

Monsieur Jean-Jacques Lemaire,

Comme je vous l'ai fait savoir par téléphone aujourd'hui même, j'accepte de louer votre logement du 8355, rue Lafond, aux conditions que nous avons discutées.

Vous trouverez ci-joint la copie du bail que j'ai signée de même qu'un chèque représentant le versement du premier mois de loyer. J'emménagerai, comme prévu, le 1er juillet prochain.

Je vous rappelle toutefois que vous vous êtes engagé à faire vernir les planchers et à remplacer les appareils d'éclairage du salon et de la cuisine avant mon arrivée. J'espère que vous tiendrez votre engagement.

Je suis sûr que je serai heureux sur la rue Lafond et j'espère que nous saurons entretenir d'excellentes relations.

À bientôt,

Jean Saintonge

106- Demande de réparations par le propriétaire

Monsieur Lemaire,

Malgré mes demandes verbales répétées, vous n'avez pas encore effectué les réparations aux portes et fenêtres de mon logement qui laissent passer l'air de façon importante. L'hiver approche à grands pas et je sens déjà que si ces travaux ne sont pas effectués dans les plus brefs délais, ma facture de chauffage sera haussée de plusieurs dizaines de dollars. J'aurai de plus à subir l'inconfort que ces courants d'air occasionneront.

Vous trouverez ci-joint le chèque de mon loyer de novembre, mais je tiens à vous prévenir que celui de décembre ne vous parviendra que lorsque les travaux auront été faits.

Comme je vous l'ai déjà mentionné, je pourrais demander à un ami d'effectuer les réparations en soustrayant, bien sûr, les frais occasionnés du loyer du mois prochain. Encore faudrait-il que j'aie votre accord.

J'espère que vous tiendrez compte de ces considérations car je ne souhaiterais pas que nos relations se détériorent pour un problème aussi minime.

Recevez, Monsieur, mes salutations distinguées.

Jean Saintonge

107- Paiement de loyer en retard

Monsieur Jean Saintonge,

Je vous écris ce petit mot pour vous rappeler que vous ne m'avez pas encore versé le montant du loyer du mois de février. Nous sommes aujourd'hui le 10 et je l'attends toujours.

Jusqu'au mois dernier, vous avez toujours été fidèle à votre engagement mais, pour le deuxième mois consécutif, votre paiement se fait attendre. Je dois vous dire que je ne comprends pas. Si je suis absent au moment de votre visite, vous n'avez pourtant qu'à glisser votre chèque dans ma boîte aux lettres comme vous le faisiez régulièrement auparavant.

Pourriez-vous, s'il vous plaît, voir à ce que cette situation ne se reproduise plus et tenir compte du fait que j'ai aussi des engagements hypothécaires que je dois respecter?

J'espère que je pourrai compter sur vous car je ne voudrais pas commencer à avoir des relations pénibles avec mes locataires.

Avec mes salutations distinguées,

Jean-Jacques Lemaire

108- Excuses pour un retard de loyer

Monsieur Lemaire,

Je vous prie de m'excuser du retard que j'ai mis à vous faire parvenir le montant du loyer de ce mois-ci. Vous le savez sans doute, j'ai été mis à pied en novembre dernier par l'entreprise pour laquelle je travaillais depuis dix ans. Il a fallu, par la suite, plusieurs semaines avant que je puisse toucher des prestations d'assurance-chômage et c'est ce qui explique mon retard.

Rassurez-vous toutefois : l'incident ne devrait pas se répéter puisque je viens d'être rappelé et ainsi les choses devraient rentrer dans l'ordre dès le mois prochain.

Encore une fois, toutes mes excuses.

Jean Saintonge

109- Avis d'augmentation de loyer

Madame,

Je désire vous informer qu'à compter du 1er juillet prochain, le montant de votre loyer sera haussé de 25 $ pour être porté à 475 $ par mois.

Cette augmentation est justifiée par l'augmentation des taxes municipales et scolaires de l'an dernier, ainsi que par les travaux que j'ai dû effectuer dans votre logement et dans l'entrée de l'édifice au cours de l'année.

Comme le prévoit la loi, vous avez un mois à compter de la réception de cet avis pour m'aviser de votre intention de déménager ou pour refuser cette augmentation, auquel cas je devrai demander à la Régie du logement de fixer le montant du loyer.

Si vous acceptez cette augmentation, vous n'avez pas à m'en faire part officiellement, mais j'aimerais quand même que vous me le fassiez savoir le plus tôt possible.

J'espère vous garder comme locataire une année encore car je suis tout à fait satisfait des relations que nous entretenons depuis que vous vivez ici.

Avec mes salutations distinguées,

Laurent Maurice

110- Refus d'augmentation de loyer

Monsieur Laurent Maurice,

Je vous avise que je refuse l'augmentation de 25 $ par mois que vous voulez m'imposer à compter du 1er juillet prochain, mais que je désire toutefois conserver mon logement. Je ne considère pas que les motifs que vous invoquez justifient cette augmentation d'autant plus que les travaux que vous avez effectués chez moi étaient, somme toute, mineurs.

Pour vous éviter les démarches auprès de la Régie du logement, je suis bien prête à m'entendre avec vous pour une augmentation de 15 $ par mois que je considérerais raisonnable. Si cela vous convient, je serais prête à signer un nouveau bail dans les prochains jours.

En espérant que nous réussirons à nous entendre,

Janine Lachance

111- Méfait d'un animal

Madame,

Chaque fois que vous promenez votre chien, celui-ci a la bien mauvaise habitude de s'arrêter devant chez nous et de nous laisser un «petit cadeau» dont nous saurions nous passer. À plusieurs reprises au cours des dernières semaines, j'ai dû ramasser moi-même ses excréments, ce que je ne trouve pas particulièrement agréable.

Je vous prierais donc, à l'avenir, ou bien de modifier votre itinéraire pour éviter de passer devant chez nous, ou bien de vous munir d'une petite pelle et de ramasser vous-même ses dégâts.

Si vous ne voyez pas à corriger la situation le plus tôt possible, je me verrai contraint de porter plainte contre vous et votre animal à la police. Il me semble qu'il existe un règlement municipal régissant les animaux domestiques et les responsabilités de leur maître. Je vous prierais d'en tenir compte.

Merci de prendre bonne note de ces considérations.

Raoul Légaré

112- Difficulté avec un voisin

Monsieur le propriétaire,

Depuis que j'habite dans votre triplex, je n'ai jamais rien eu à redire contre vous ou contre le locataire de l'autre logement. Mais voilà que depuis que votre fils occupe l'appartement contigu au mien, je suis réveillé presque toutes les nuits lorsqu'il revient de son travail par le claquement de la porte et la musique qu'il écoute.

Je l'ai moi-même avisé de ce problème à quelques reprises mais il ne semble pas vouloir tenir compte de ma présence. S'il travaille tard le soir, je voudrais bien qu'il sache que moi, je dois me lever tôt et que j'ai besoin d'une bonne nuit de sommeil.

Comme vous êtes propriétaire et parent de ce voisin, je vous demanderais donc d'intervenir auprès de lui pour qu'il essaie de se faire un peu plus discret au cours de la nuit.

Je voudrais bien conserver avec vous et avec lui les relations les plus harmonieuses possible comme nous en avons établi, vous et moi, depuis de nombreuses années.

Je vous remercie de bien vouloir servir d'intermédiaire entre nous et vous prie de croire, Monsieur le propriétaire, à toute ma considération.

Jean-Maurice Vinet

113- Réponse du propriétaire

Monsieur Vinet,

Je regrette les problèmes que vous connaissez avec mon fils qui se trouve aussi à être votre voisin et je veux vous dire que j'ai pris bonne note de votre insatisfaction.

Je l'ai avisé de cesser d'écouter de la musique la nuit ou, tout au moins, qu'il se munisse d'un casque d'écoute, ce qu'il m'a assuré qu'il ferait dans les plus brefs délais. En attendant, il mettra le volume le plus bas possible pour ne pas vous déranger.

Quant au problème avec la porte d'entrée, j'y verrai personnellement dès cette fin de semaine en corrigeant le problème de serrure. J'ai d'ailleurs l'intention de le faire chez vous également.

Je vous remercie de m'avoir fait part de ces problèmes et j'espère qu'on réussira à y mettre un terme le plus tôt possible. Ainsi, chacun retrouvera la paix dans son logement.

Avec mes salutations distinguées,

Jean-Paul Chartrand

114- Retard dans la livraison

Monsieur le gérant,

Il y a deux mois déjà, j'ai commandé à votre magasin un mobilier de salle à manger pour lequel j'ai versé un acompte de 250 $. Vous m'aviez promis, au moment de l'achat, que je recevrais le tout en moins de trois semaines et, malgré mes appels répétés, j'attends toujours cette livraison.

Pouvez-vous me dire à quel moment je recevrai mes meubles et vous engager à ce que, cette fois, l'échéance soit respectée? Nous sommes à la veille de la période des Fêtes et je comptais bien pouvoir recevoir mes parents à une table toute neuve.

Je vous prie de faire les pressions nécessaires auprès de votre fournisseur pour qu'on me livre ce mobilier le plus tôt possible et j'attends de vos nouvelles à cet effet.

J'espère que je recevrai satisfaction et vous prie de recevoir, Monsieur le gérant, mes sincères salutations.

Lucien Houle

115- Menace d'annulation de contrat

Monsieur,

Malgré ma lettre et mes appels téléphoniques répétés, j'attends toujours le mobilier de salle à manger que j'ai commandé à votre magasin voilà déjà trois mois.

Je vous donne une semaine de plus pour respecter vos engagements, faute de quoi je vous demanderai de me rembourser l'acompte versé de 250 $ et j'irai voir ailleurs pour trouver satisfaction.

Espérant de votre part une réaction immédiate, j'attends avec impatience de vos nouvelles.

Lucien Houle

116- Insatisfaction à la suite de travaux

Monsieur le directeur,

Vos employés sont venus installer chez moi de nouvelles portes d'armoires et je suis tout à fait déçu du travail qui a été fait.

Les portes sont mal ajustées, plusieurs poignées ont été mal posées et la surface de comptoir est inégale. Je vous invite à venir constater par vous-même les problèmes et vous comprendrez que mon insatisfaction est justifiée. J'espère que vous prendrez les moyens pour faire corriger la situation.

De toute façon, en attendant, je n'ai pas l'intention de vous verser la somme qu'il me reste à payer puisque le contrat stipulait bien que je devais obtenir entière satisfaction avant de faire le paiement final. Ce qui n'est pas le cas.

Dans l'attente de nouvelles de votre part, je vous prie de recevoir, Monsieur le directeur, mes sincères salutations.

Antoine Dumas

117- Contestation de facture

Monsieur le gérant,

Je viens de recevoir la facture pour les travaux de plomberie que vos employés sont venus faire chez moi la semaine dernière et je trouve celle-ci quelque peu exagérée.

L'estimation que vous aviez faite est dépassée de plus de 300 $, ce que je considère injustifié.

On me facture certaines pièces qui n'ont pas été changées et le nombre d'heures inscrit ne correspond pas au temps passé par vos ouvriers chez moi. J'avais bien pris en note leurs allers et venues et leur travail a duré 25 heures et non pas 33 comme vous me le réclamez.

Je vous demanderais donc de corriger cette facture et de m'envoyer une note plus raisonnable ou, tout au moins, me fournir les explications nécessaires.

Je suis satisfait du travail qui a été fait, mais je ne tiens pas à vous payer plus que ce que cela représente.

Avec mes salutations distinguées,

Louis Laurier

118- Contestation d'évaluation de dommages par l'assureur

Monsieur le directeur,

À la suite d'un accident, j'ai fait vérifier mon automobile au Centre d'estimation où l'on a constaté les dommages et estimé le coût des réparations.

Je ne suis pas satisfait de l'évaluation qui a été faite puisqu'on a refusé de considérer que mon réservoir d'essence avait été endommagé par la collision. Mon garagiste, à qui j'ai montré mon véhicule depuis, m'a expliqué que je risque d'avoir des problèmes prochainement s'il n'est pas remplacé.

Pourriez-vous m'indiquer la procédure à suivre pour voir à ce que cette pièce soit changée et que les frais soient couverts par l'assurance?

Je vous remercie de votre attention.

Richard Viens

119- Demande de recours contre un assureur

Monsieur,

Je désire porter plainte contre la Compagnie d'assurances Univers et contester l'évaluation des dommages causés à mon automobile lors d'un accident récent.

La compagnie refuse de considérer que mon réservoir d'essence a bel et bien été endommagé sous le choc de la collision et, en conséquence, refuse de payer les frais de remplacement.

Pourriez-vous m'indiquer la démarche à suivre pour contester l'argumentation? Existe-t-il, chez les assureurs, un service de plainte et de conciliation, ou dois-je m'adresser directement aux tribunaux?

Je vous remercie de me venir en aide car j'aimerais bien que ce litige se règle dans les plus brefs délais.

Je vous prie de recevoir, Monsieur, mes plus sincères salutations.

Richard Viens

ARGENT

120- Demande de prêt à un ami

Cher André,

Tu as sans doute appris que j'avais perdu mon emploi il y a deux mois à la suite de la fermeture de l'entreprise pour laquelle je travaillais. Ce fut un dur coup, tu l'imagines bien, et je connais, depuis ce temps, de sérieux problèmes financiers.

Je reçois, bien sûr, des prestations d'assurance-chômage qui me permettent de vivre au jour le jour, mais j'ai de la difficulté à faire les paiements du prêt contracté pour l'achat de mon auto. C'est pourquoi je voudrais te demander de m'aider.

Il me reste quatre versements mensuels de 250 $ et j'aurais donc besoin de 1000 $ pour acquitter cette dette au plus tôt. Serais-tu en mesure de me les prêter pour quelques mois, le temps de me trouver un nouvel emploi, ce qui ne saurait tarder?

Je te remercie d'avance de ce que tu pourras faire pour moi et te prie de croire en ma sincère amitié.

Lucien

121- Refus

Cher Lucien,

Tu me demandes de te prêter 1000 $ pour acquitter ton prêt mais, malgré la meilleure volonté du monde, je dois te dire que c'est impossible.

Le peu d'argent dont j'aurais pu disposer est placé dans un dépôt à terme qui ne vient à échéance que dans six mois. Crois-moi, c'est avec plaisir que j'aurais voulu te dépanner au nom de notre amitié.

Je te réponds le plus vite possible afin que tu puisses envisager une autre solution et j'espère que tu réussiras à régler ton problème.

Je te souhaite aussi la meilleure des chances pour te dénicher un nouvel emploi rapidement et que cessent enfin tes ennuis.

J'espère que notre amitié demeurera intacte malgré ce refus bien involontaire de ma part.

Avec mes salutations,

André

122- Acceptation

Cher Lucien,

J'ai en effet appris avec regret la malchance qui t'est arrivée par la perte de ton emploi et si je ne suis pas entré en contact avec toi, c'est que je ne savais pas comment t'aider dans ce malheur.

Tu m'en donnes aujourd'hui la chance et c'est avec plaisir que je t'envoie un chèque de 1000 $ pour régler ton prêt. Le mode de remboursement qui te conviendra me conviendra aussi. C'est une somme que j'avais mise de côté en cas de coup dur et je suis bien heureux qu'elle puisse te servir.

Je te souhaite de trouver un nouvel emploi le plus tôt possible même si les conditions actuelles ne sont pas très favorables en cette matière.

Ne me remercie pas; je sais bien que tu aurais fait la même chose pour moi si les rôles avaient été inversés.

À bientôt et bonne chance,

André

123- Remerciements pour un prêt

Cher André,

Je te remercie sincèrement de me venir en aide en ces jours particulièrement difficiles en me prêtant ces 1000 $ que tu m'as envoyés. J'aurais bien voulu éviter de solliciter un ami pour des questions financières mais les conditions présentes l'exigeaient. Je ne pouvais pas y échapper.

J'ai pensé te rembourser à raison de 100 $ par mois jusqu'à acquittement complet et plus rapidement encore si je peux me trouver un nouvel emploi. J'ai d'ailleurs fait plusieurs demandes, mais aucune réponse positive ne m'est parvenue pour le moment.

En plus de cette dette financière, je considère maintenant avoir une dette d'amitié envers toi et j'espère avoir l'occasion de te rendre service à la première occasion. Tu peux compter sur moi.

Avec toute mon amitié,

Lucien

124- Demande de prolongation d'un prêt

Cher André,

J'ai essayé jusqu'à maintenant de respecter mes engagements en te remboursant comme convenu la somme que tu m'as prêtée si généreusement. Ce mois-ci, toutefois, des imprévus sont venus gruger mon budget serré et tu me vois obligé de te demander de retarder d'un mois mon remboursement.

Si ce retard te met dans l'embarras, ne te gêne pas pour me le faire savoir et je m'arrangerai pour trouver la somme ailleurs afin d'acquitter cette dette.

Mais si tu peux accepter qu'on prolonge d'un mois ce prêt, tu me soulagerais d'un grand poids.

Je suis vraiment embarrassé d'avoir à te demander ce service, mais je ne peux faire autrement.

Merci de ta compréhension et de ton amitié.

Lucien

125- Demande de remboursement

Cher Lucien,

Je suis confus d'avoir à t'écrire mais une tuile me tombe sur la tête. J'ai eu à faire des réparations importantes à ma maison et je ne dispose pas de la somme nécessaire pour payer les ouvriers.

Je te demanderais donc de me rembourser le plus tôt possible la somme que tu me dois afin que je n'aie pas à payer des intérêts importants pour ces travaux.

Je me permets de te faire cette demande compte tenu du fait que tu as déjà retardé de deux mois tes remboursements et que j'ai appris que tu venais de trouver un nouvel emploi. Je suis sûr que tu n'auras aucune difficulté à trouver la somme que tu me dois.

J'aurais bien voulu patienter encore quelques semaines mais c'est à mon tour d'être dans l'embarras financier.

Je te remercie de tenir compte de mon problème et j'espère que les choses pourront s'arranger rapidement.

Avec toute mon amitié,

André

126- Dette non réglée

Monsieur,

J'ai communiqué plusieurs fois avec vous par téléphone d'abord puis par lettre pour réclamer le remboursement final du prêt que je vous ai consenti en octobre 1991 et que vous deviez acquitter sur une période de dix-huit mois.

Au cours de cette période, plusieurs remboursements ont été reportés à cause de vos difficultés financières. J'ai été bon prince et nous avons toujours réussi à nous entendre.

Mais, aujourd'hui, les choses se compliquent singulièrement puisque, depuis trois mois, vous ne m'avez rien versé des 500 $ qu'il vous reste à rembourser.

On m'a conseillé de m'adresser à la Cour des petites créances, ce que je ne voudrais faire qu'à la toute dernière limite. J'ai donc résolu de vous écrire une autre fois, une dernière, pour vous demander de respecter votre engagement.

Si, d'ici deux semaines, je n'ai pas reçu la somme totale que vous me devez, j'ai bien l'intention de m'adresser aux tribunaux. Ne voyez pas là de menaces mais tout simplement un ultime recours pour récupérer mon argent.

J'espère que vous tiendrez compte de cet avertissement et que vous prendrez les mesures qui s'imposent pour régler votre dette.

Veuillez croire néanmoins, Monsieur, à mes sentiments distingués.

Raoul Laurier

127- Reconnaissance de dette

Je, soussigné, Mario Lemay, domicilié à Montréal, reconnais devoir à Germain Leduc, domicilié à Saint-Léonard, la somme de deux mille dollars (2 000 $) reçue en prêt aujourd'hui et que je m'engage à rembourser par versements mensuels de 200 $ jusqu'à acquittement total.

Le prêt portera intérêt de 10 pour cent l'an.

Fait à Montréal, ce jeudi 15 avril 1993.

Mario Lemay

128- Quittance

Je, soussigné, Germain Leduc, domicilié à Saint-Léonard, reconnais avoir reçu de Mario Lemay, remboursement complet de la somme de deux mille dollars (2 000 $) plus les intérêts, que je lui avais prêtée le 15 avril 1993.

Fait à Saint-Léonard, le 15 octobre 1993.

Germain Leduc

SUJETS DIVERS

129- Demande de documentation pour un travail scolaire à une entreprise

Monsieur le directeur général,

Dans le cadre d'un cours d'économie au cégep, nous devons analyser l'évolution d'une entreprise depuis sa création et faire des projections sur les perspectives d'avenir.

J'ai choisi de faire mon travail sur votre entreprise et je solliciterais votre collaboration pour me fournir les informations qui me seraient utiles.

Voici certains points que je voudrais aborder et pour lesquels j'aurais besoin de documentation :

- Historique
- Évolution des ventes au cours des 10 dernières années
- Évolution de la production
- Nombre d'employés
- Rapports financiers

Peut-être que certaines de ces données sont confidentielles et que vous préférez ne pas les rendre publiques. Je le comprendrai mais je vous demanderais aussi, si possible, de vous rencontrer pour connaître les grandes lignes de ce que vous pourriez m'apprendre.

Je vous remercie de l'attention que vous voudrez bien porter à cette demande et j'attends avec impatience des nouvelles de vous.

Veuillez recevoir, Monsieur le directeur général, l'assurance de mes sentiments distingués.

Yvon Joyal

130- Demande de renseignements à un musée sur l'œuvre d'un artiste

Madame, Monsieur,

Je dois rédiger une biographie du peintre Jean-Paul Lemieux dans le cadre d'un cours sur l'histoire de la peinture et je me tourne vers vous pour m'aider dans ma recherche.

Je sais que vous avez présenté une rétrospective de ses oeuvres l'an dernier, et je me suis dit que vous deviez être en mesure de me fournir certains éléments d'information.

Pourriez-vous m'indiquer les titres de certaines écrits que je pourrais consulter pour trouver les renseignements biographiques sur lui et me dire si je pourrais les consulter à la bibliothèque du musée ou dans une autre bibliothèque publique?

Je vous remercie de votre collaboration et sachez que je demeurerai toujours un fidèle visiteur de votre institution.

Avec mes sentiments distingués,

Laurent Lafleur

131- Demande pour devenir membre d'une association

Madame, Monsieur,

Les idées que vous défendez ont toujours fait partie de mes propres préoccupations et j'apprécie les actions que vous prenez pour les faire valoir.

Je souhaiterais devenir membre de votre organisation et me joindre à vos efforts pour combattre les injustices sociales. Pourriez-vous, par conséquent, me faire parvenir un formulaire d'inscription et m'indiquer la cotisation que je devrai verser?

Comme je ne voudrais pas que mon engagement se résume à un geste abstrait, j'aimerais également que vous m'indiquiez quels comités ont été constitués jusqu'à ce jour et s'il est possible de me joindre à l'un d'eux, selon mes intérêts personnels. À quelle fréquence ces comités se réunissent-ils? À quoi dois-je m'attendre si je me joins à l'un d'eux? Voilà des questions auxquelles j'aimerais bien avoir des réponses, si c'est possible.

Je vous félicite pour tout ce que vous entreprenez et j'espère pouvoir y contribuer modestement dans les mois à venir.

Veuillez agréer, Madame, Monsieur, l'assurance de ma considération distinguée.

Michèle Lavigne
(adresse)

132- Demande de prospectus pour un voyage

Madame, Monsieur,

Au cours de l'été prochain, j'ai l'intention de faire un voyage dans votre région avec ma famille. Pourriez-vous me faire parvenir les guides d'information que vous possédez afin que nous puissions préparer ce voyage le plus efficacement possible?

Nous avons l'intention de nous y rendre en automobile et de faire du camping pendant notre séjour. Auriez-vous des itinéraires à nous conseiller et pourriez-vous nous fournir la liste des terrains de camping où nous pourrions nous arrêter?

Je vous remercie de votre attention et j'espère que nous pourrons faire un voyage agréable et plein de découvertes intéressantes grâce à votre collaboration.

Yvonne Lemieux
(adresse)

133- Demande de renseignements à une agence de voyage

Madame, Monsieur,

Pendant la semaine de relâche scolaire en février prochain, nous avons l'intention de nous rendre dans une destination soleil pour profiter de quelques jours de repos.

Pourriez-vous nous faire parvenir les prospectus de votre agence concernant les destinations que vous offrez? Et, bien sûr, les listes de prix.

Nous voyagerons avec deux jeunes enfants. Y aurait-il des destinations que nous devrions privilégier? Un petit conseil à ce sujet nous serait fort utile.

Enfin, quand devrions-nous faire la réservation et quelles sont les modalités de paiement?

Je vous remercie de votre attention et j'espère que nous pourrons faire affaire avec votre agence pour réaliser ce rêve.

Avec mes salutations distinguées,

Pierrette Lamoureux
(adresse)

134- Demande de réservation

Monsieur le gérant,

Tel que convenu lors de notre conversation téléphonique de ce matin, je voudrais confirmer ma réservation pour la semaine du 12 au 19 octobre prochain.

J'ai choisi un chalet avec foyer en bordure du lac et comprenant deux lits doubles et cuisinette.

Je joins à cette lettre un chèque de 150 $ comme dépôt. Je comprends qu'un montant identique devra être versé à l'arrivée et le solde au moment de mon départ.

Auriez-vous l'obligeance de me confirmer cette réservation au cours des prochains jours afin d'être assurée que tout est bien en ordre.

J'ai hâte de me retrouver chez vous et j'espère que je ne regretterai pas mon choix.

Simone Choinière
(adresse)

135- Confirmation de réservation

Madame Simone Choinière,

Nous avons bien reçu votre lettre et le dépôt de 150 $ que vous nous avez versé. Votre réservation est ainsi confirmée aux dates que vous avez indiquées, soit du 12 au 19 octobre.

Le chalet sera libre le 12 à compter de midi, mais vous pouvez arriver plus tôt si vous le désirez et profiter des activités de l'avant-midi. Nous consignerons vos bagages à la réception en attendant que votre chambre soit prête.

Nous vous souhaitons la bienvenue et espérons que vous profiterez agréablement de votre séjour. Nous ferons tout notre possible pour qu'il en soit ainsi.

Veuillez agréer, Madame, l'assurance de notre considération.

Le gérant,

Marcel Lavigne

136- Remerciements à la suite d'un voyage

Monsieur,

Ma famille et moi venons de passer une magnifique semaine dans votre établissement et nous tenons à vous en remercier.

De l'arrivée à notre départ, tout s'est déroulé de façon exceptionnelle, bien au-delà de tout ce que nous pouvions attendre. La qualité d'hébergement et du service aux chambres, la haute classe de la salle à manger, l'amabilité de tout votre personnel et l'enthousiasme de vos animateurs ont fait de notre séjour une expérience que nous ne sommes pas prêts d'oublier.

Non seulement songeons-nous à revenir chez vous la saison prochaine, mais nous avons conseillé à nos amis de choisir votre auberge comme lieu de leurs prochaines vacances.

Encore une fois merci au nom de nous tous et à très bientôt.

Yvan Dupire

137- Plainte à une agence de voyage

Monsieur le directeur,

Ma conjointe et moi revenons d'un voyage dans les Caraïbes et notre expérience fut des plus désastreuses. L'hôtel que nous avions choisi sur les conseils de l'une de vos représentantes était loin d'être à la hauteur de nos attentes.

Pour vous résumer la situation, sachez que notre chambre était d'une malpropreté inadmissible, que la douche ne nous fournissait de l'eau chaude qu'à peine un jour sur deux et que la qualité de la restauration était lamentable.

Dans votre dépliant publicitaire, on indiquait également que des activités étaient organisées par des animateurs professionnels mais cette affirmation était loin de correspondre à la réalité. Nous pourrions allonger la liste de nos insatisfactions à l'infini.

Nous réclamons donc un remboursement de votre part pour ce voyage désastreux et pour les inconvénients que nous avons connus. Faute d'entente à l'amiable à ce sujet, nous avons bien l'intention de nous adresser aux tribunaux pour obtenir réparation.

Nous attendons de vos nouvelles dans les plus brefs délais.

Marc Frenette

138- Avis de changement d'adresse pour un abonnement

Au responsable des abonnements,

Veuillez prendre note que je déménagerai le 1er juillet prochain. Ma nouvelle adresse sera la suivante :

>10 545, rue Beaudry
>Montréal
>H1H 3Y8

Je joins le coupon apparaissant sur le dernier magazine que vous m'avez fait parvenir, sur lequel apparaît mon numéro d'abonné et mon adresse actuelle.

>(coupon)

Merci d'en prendre note et j'espère que je continuerai à recevoir fidèlement mon magazine préféré.

Fabienne Lauzon

139- Annulation d'un abonnement

Monsieur l'éditeur,

Un article sur l'avortement paru dans votre dernier numéro m'a fait dresser les cheveux sur la tête. Je ne peux pas croire qu'un journaliste puisse se montrer aussi subjectif et dire ce que je considère comme autant de bêtises dans un seul texte.

Je ne peux pas croire non plus qu'un éditeur sérieux puisse accepter de publier dans ses pages un article biaisé de la sorte.

En conséquence, je vous prierais de faire savoir à votre service des abonnements que je désire annuler dès à présent mon abonnement et que je souhaite être remboursé pour les numéros qu'il me restait à recevoir. Je joins, ci-dessous, le coupon apparaissant sur le dernier magazine que vous m'avez fait parvenir.

(coupon)

Un lecteur déçu,

Maurice Racicot

140- Demande de correction dans un journal

Monsieur le rédacteur en chef,

Dans un article paru aujourd'hui en page 67 de votre journal, vous avez associé mon nom à une histoire de fraude survenue à l'entreprise pour laquelle je travaille.

Je vous prie de noter que je n'ai été impliqué d'aucune manière dans cette fraude, que je n'ai jamais été au courant des irrégularités qui ont pu se produire et, qu'en conséquence, je n'en ai tiré aucun avantage personnel.

Les policiers m'ont bien interrogé sur le sujet mais aucune accusation n'a été portée.

Je vous demanderais donc, le plus tôt possible, de publier une correction sur ces faits qui pourraient porter atteinte à ma réputation. Dans le cas contraire, je me verrais obligé de prendre les mesures légales qui s'imposent.

Dans l'attente que ces mesures soient prises, je vous prie d'agréer, Monsieur le rédacteur en chef, l'expression de mes sentiments distingués.

Yves Richard

141- Courrier des lecteurs

Monsieur le directeur,

Dans son éditorial du 16 juin, Marcel Simard portait un jugement sévère sur le rôle joué par les professeurs dans l'apprentissage du français écrit par les jeunes du secondaire.

Je ne suis ni professeur ni parent d'élève, mais il me semble néanmoins que le problème est mal posé. M. Simard n'est pas le seul à faire porter le blâme sur les enseignants et le système d'éducation. La plupart du temps, quand des journalistes s'intéressent à la question, c'est le même refrain que nous entendons.

Mais quand donc s'interrogera-t-on sur l'influence des médias écrits et de la télévision, sur le coût exorbitant des livres, sur la pauvreté de nos bibliothèques scolaires et municipales? Voilà, selon moi, autant de lacunes qui viennent confirmer les difficultés d'apprentissage du français dans nos écoles.

Il faut cesser de mettre le blâme sur les professeurs et reconnaître plutôt qu'ils font un travail admirable dans les circonstances. Il y en aurait long à dire sur leur patience et leur professionnalisme et, pour un, jamais je ne voudrais changer de place avec l'un d'eux.

Robert Savoie
(adresse)

142- Plainte contre une émission violente à la télévision

Monsieur le directeur des programmes,

Mon fils de dix ans écoutait une émission diffusée par votre station le jeudi 16 mai à 16 h 30 et, surprise par les propos qui y étaient tenus et que j'entendais de loin, je me suis jointe à lui pour juger de la pertinence de cette émission.

Je n'y ai entendu que des propos sexistes et je n'y ai vu que des actes de violence si bien qu'au bout de cinq minutes, je lui ai demandé d'éteindre le téléviseur en lui expliquant que de telles scènes ne devraient jamais être montrées à la télévision. Même pour un public d'adultes.

Je me demande bien qui, à votre station, a jugé de la pertinence de présenter cette série à nos enfants mais je considère qu'il a fait là une erreur grossière. Je vous demanderais donc, en tant que directeur des programmes, de retirer cette série des ondes dans les plus brefs délais et je vous avise d'ailleurs que je porterai plainte au CRTC à ce sujet aujourd'hui même.

J'espère que mes remarques seront entendues et que vous verrez à corriger la situation avec célérité.

Réjeanne Lemire
(adresse)
(téléphone)

143- Plainte au CRTC contre une émission violente

Monsieur le président,

Je voudrais porter à votre attention la diffusion de la traduction d'une série américaine sur les ondes de la station XXX de Montréal les jeudis à 16 h 30.

Cette série, supposément conçue pour les enfants, n'est qu'un ramassis d'actes de violence et de propos sexistes dont nos enfants n'ont vraiment pas besoin.

Je vous prierais donc de demander à vos fonctionnaires chargés de la surveillance de la programmation de jeter un coup d'oeil attentif sur cette série, comme vous devriez le faire vous-même d'ailleurs, et de prendre les mesures qui s'imposent pour en interdire la diffusion dans les plus brefs délais.

J'imagine que cette surveillance entre dans votre mandat et que vous avez les moyens d'agir rapidement dans une telle situation. Ce que je vous exhorte à faire pour le bien de nos enfants.

Je vous remercie de l'attention que vous voudrez bien porter à mes remarques et vous prie de recevoir, Monsieur le président, l'expression de mes sentiments distingués.

Réjeanne Lemire
(adresse)
(téléphone)

144- Félicitations pour une émission

Madame,

Je viens de regarder avec intérêt et bonheur l'émission que vous avez réalisée sur la situation des sans-abri à Montréal et je tenais à vous en féliciter personnellement.

Je dois vous dire que je suis une fidèle téléspectatrice de votre émission que j'apprécie chaque semaine mais votre dernière production a atteint, du moins pour moi, un niveau inégalé. Le choix de vos invités était judicieux puisqu'il permettait de mêler témoignages et jugements critiques sans tomber dans le pathos et la simplicité. Vous avez su éviter aussi les jugements de valeur comme on en retrouve trop souvent lorsqu'on aborde ce délicat sujet.

Je vous félicite et vous encourage à continuer votre excellent travail. J'espère que nous pourrons voir encore d'excellents reportages comme celui que vous venez de nous présenter.

Veuillez agréer, Madame, l'expression de ma plus sincère considération.

Jeanne Demers
(adresse)

145- Demande de renseignements sur un artiste

Monsieur le rédacteur en chef,

Vous avez publié plusieurs articles très intéressants sur Roch Voisine au cours des derniers mois et je vous en remercie.

Je suis une admiratrice inconditionnelle de ce beau et talentueux chanteur et même si je lis tout ce qui me tombe sous la main, j'en voudrais toujours davantage.

Je vous écris donc pour vous demander de me faire parvenir, si possible, de la documentation sur sa vie et sur sa carrière, sur les disques qu'il a enregistrés et sur les spectacles qu'il a donnés à travers le monde.

Si vous ne répondez pas à ce genre de demande, pourriez-vous m'indiquer à quel endroit je pourrais m'adresser pour obtenir ces informations? Auriez-vous l'adresse de son agent ou de son fan-club?

Merci de votre collaboration et continuez votre excellent travail.

Annie Leclerc
(adresse)

INDEX

A
Abonnement 171, 172
absence 74, 75
acte de naissance 84
administration 83 à 94, 127 à 150
adresse 171
affaires personnelles 127 à 150
amitié 53 à 66
amour 53 à 66
animal 142
anniversaire 102 à 104
annulation 146, 172
argent 151 à 159
association 164
assurances 149, 150
augmentation de salaire 49
avocat 129, 130

B
Bail 136

C
Carte postale 63
cessation d'emploi 44
changement d'adresse 171
condoléances 119
congé 47
contestations 86, 93, 130, 131, 148, 149
contrat 146
cours 73
curriculum vitae 33

D
Déces 118, 119
déclaration d'amour 57 à 59
déménagement 113, 135
démission 43
dette 158, 159
documentation 162

E
Encadrement 11
enfant 67 à 82
enveloppe 18
emploi 25 à 51
excuses 97, 98, 139

F
Facture 148
félicitations 69, 100, 101, 177

H
Honoraires 130

I
Insatisfaction 134, 147
intervention 132
invitation 64 à 66, 105
impôt 85, 87, 88

L
Licenciement 40 à 42
livraison 145
loyer 138 à 141

M
Maladie 108 à 110
mariage 106, 107, 112
membre 164
mutation 45, 46

O
Offre d'emploi 26, 27

P
Paiement 131, 138
pensions 89
perte 94
plainte 76, 91 à 93, 133, 170, 175, 176
prêt 152 à 159

Q
Quittance 159

R
Réconciliation 99
recommadation 35 à 38
recours 150
régie des rentes 90
rencontre 72
renseignements 79, 80, 128, 129, 163, 166, 178
remboursement 157
remerciements 39, 78, 111 à 115, 155, 169
réparations 137
reproche 81, 82, 96
réservation 167, 168
résultats scolaires 68 à 73
retard 74, 145
retrait préventif 50
retraite 51
rupture 120 à 125

S
Sabbatique 47
salaire 49
service 114

T
Tapage 91

V
Vœux 102 à 104, 116, 117
voisin 96, 143, 144
voyage 165 à 170

Bibliotheque Municipale de Field